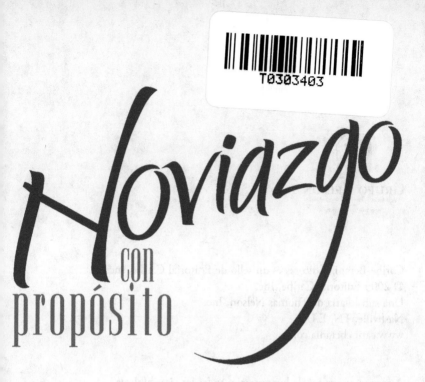

Noviazgo con propósito

David Hormachea

GRUPO NELSON
Una división de Thomas Nelson Publishers
Desde 1798

NASHVILLE   DALLAS   MÉXICO DF.   RÍO DE JANEIRO

Caribe-Betania Editores es un sello de Editorial Caribe, Inc.
© 2005 Editorial Caribe, Inc.
Una subsidiaria de Thomas Nelson, Inc.
Nashville, TN, E.U.A.
www.caribebetania.com

A menos que se señale lo contrario, todas las citas bíblicas
son tomadas de la Versión Reina-Valera 1960
© 1960 Sociedades Bíblicas Unidas en América Latina.
Usadas con permiso.

Diseño interior: *Grupo Nivel Uno, Inc.*

ISBN 0-88113-948-3
ISBN 978-0-88113-948-8

Impreso en E.U.A.
Printed in the U.S.A.
9ª Impresión, 6/2010

CONTENIDO

CONTENIDO

DEDICATORIA

Dedicado a mi amigo y discípulo pastor Diego Utreras. Uno de los alumnos que mejor ha asimilado mi pasión por Dios y mi compasión por las familias.

Con Diego entendimos que «todos tienen su corazoncito» y que en cualquier momento este buscará afanosamente que le pongan atención. Por ello nos dedicamos a amar y educar a los jóvenes para que vivan conforme al propósito de Dios. Diego no sólo estuvo a mi lado aprendiendo a trabajar con jóvenes y a aconsejarles, también fue apoyo en mis momentos de debilidad.

Junto a Diego no sólo nos reímos y trabajamos duro en los campamentos de jóvenes que organizamos, sino que pasamos horas en vela organizando, buscando nuevas estrategias, orando, compartiendo, amándonos, apoyándonos y riéndonos.

Nuestra amistad ha sido más fuerte que nuestros errores y épocas difíciles, y ha permanecido a través de los tiempos. La distancia nos separa, pero no nuestros principios ni nuestra pasión. No podemos trabajar juntos por la lejanía, pero laboramos unidos por una misma visión.

Debido a que ambos entendimos el propósito de Dios para nuestras vidas, yo continúo recorriendo el mundo cumpliendo esta misión, mientras Diego, como director de la corporación de ayuda a la familia DE REGRESO AL HOGAR, capítulo Ecuador, sigue compartiendo en el país que ama, su pasión por el Dios de gracia que lo salvó y su compasión por las familias que tanto ama. Dieguito, sigue amando a tu familia, dando conferencias, enseñando, predicando y aconsejando hasta que el Señor venga. No creo que podrías vivir sin hacerlo.

AGRADECIMIENTOS

A mis amigos Sonia y Mere González de la ciudad de Laredo, Texas, por tantos años de amistad y por su apoyo a nuestras necesidades personales. Sus invitaciones a pasar vacaciones me han ayudado a descansar y recuperar energías para seguir contribuyendo con quienes amamos. Hay personas que se preocupan por ayudar en necesidades ministeriales en distintas organizaciones, pero sólo hay unos pocos que se interesan por las necesidades personales de quienes damos nuestra vida y tiempo por los demás. Su apoyo económico nos ha permitido satisfacer necesidades personales que pocos conocen y al apoyar a estos débiles siervos, han dado fortaleza a nuestro ministerio. Les amamos.

INTRODUCCIÓN

La relación más importante que podemos tener los seres humanos es con Dios. Quien no desea relacionarse con Él, no sólo ha decidido alejarse de quien más le ama y desea lo mejor para su vida, sino que además decide rechazar al Creador de la vida, a la fuente de sabiduría, para vivir en este mundo con alegría y realización.

De la relación con Dios no sólo depende nuestra salvación, sino también la realización que tengamos. Es que sólo podemos vivir realizados si decidimos cumplir con su plan y vivir sometidos a los valores y principios que regirán toda nuestra vida.

De nuestra sabia relación con Dios también depende la forma como nos relacionamos con otros seres humanos. Nuestra relación con otras personas es vital, pues suple una de las necesidades esenciales de los seres humanos; es decir, la necesidad de amar y ser amados.

La más trascendente de las relaciones humanas es la familiar y, a la vez, dentro de esta no existe otra tan esencial como la que debemos desarrollar con nuestro cónyuge. Por ello es que la decisión de elegir a la persona con quien compartirás tu vida es una decisión esencial y muy importante.

Debido a que existe esta temporada prematrimonial llamada noviazgo —que nos permite elegir a nuestro cónyuge— es mi deber ayudarte a darle la importancia que tiene. Esta relación sabia no solo nos ayudará a conocernos a nosotros mismos, sino también a conocer a la otra persona y prepararnos para resolver conflictos que inevitablemente serán parte de la relación conyugal.

Casarse no es un juego, aunque lamentablemente algunos inician su matrimonio como si así lo fuera. Casarse sin preparación no es un acto sabio, aunque lamentablemente la mayoría lo haga. Casarse sin conocer las implicaciones de nuestra decisión, es un acto de absoluta irresponsabilidad, aunque ahora no lo entiendas. Por lo tanto, es mi deber hacer conocer la importancia de la temporada prematrimonial y advertir que el éxito o fracaso del matrimonio depende en gran medida del estado espiritual y emocional, y del conocimiento y disposición que tengan ambos cónyuges a cumplir la voluntad divina.

Los novios que no cumplen con el propósito de Dios no sólo se están preparando para el dolor personal, sino que están preparando el ambiente ideal para el futuro conflicto de sus cónyuges, hijos y familiares.

El solo pensar en el dolor que sufriremos si experimentamos un fracaso es suficiente motivación para ser sabios al elegir nuestra pareja, por ello debemos tomar mucho más en serio la decisión misma de casarnos.

Para las personas sinceras, honestas y amantes de la familia no existe angustia más grande que experimentar durante el resto de la vida el dolor de un hogar disuelto. La verdad es que ninguna persona está libre de este peligro, pues, tristemente, aun los seres humanos más honestos y sinceros, si no se preparan para la vida conyugal corren el serio riesgo de provocar la destrucción de su matrimonio.

Es importante prepararse sabiamente, pues es obvio que quien nunca ha estado casado, al llegar al matrimonio vivirá un tipo de relación que nunca antes ha experimentado. Precisamente por eso debemos tener la preparación que es necesaria para poder mantener una relación saludable y permanente.

Prepárate para recibir consejos honestos y sinceros. En este libro y otros que son parte de esta serie, acepta mi desafío de entrar a la vida conyugal con la mayor preparación posible y permíteme ser parte de este maravilloso viaje hacia la vida matrimonial. Si piensas que será una tarea difícil leer tanto y si crees que demandara mucho sacrificio pasar por tanta preparación, te confirmo que estás en lo correcto. Pero te puedo asegurar que mucho más difícil será tener una relación de noviazgo y matrimonio sin prepararse para hacer lo correcto. Así como creerías que no he cumplido mi responsabilidad si te mando a una gran batalla sin pasar por el riguroso entrenamiento, también sentirías que no he cumplido mi responsabilidad si te aconsejo entrar a la vida conyugal sin la preparación necesaria.

Si eres un padre o una madre que ha decidido aprender para poder enseñar a sus hijos, has tomado una decisión muy sabia y en este libro encontrarás principios bíblicos y consejos prácticos que te ayudarán a conversar con tus hijos y compartir con ellos las directrices bíblicas que les dirijan a cumplir el propósito del noviazgo.

Si eres un joven o una señorita que está sintiendo la necesidad de tener una relación amorosa, en este libro encontrarás consejos bíblicos para establecer los parámetros que debes exigir en tu relación.

Si ya tienes una relación amorosa, y deseas con todo tu corazón cumplir la voluntad de Dios, estos consejos te ayudarán a evaluar bíblicamente esa relación, y determinar cuales son tus errores y tus aciertos. Estoy seguro que si eres sincero y buscas la guía del Espíritu Santo, este libro te guiará a hacer las correcciones necesarias para tener un noviazgo conforme al propósito del Creador y no conforme a tu propio deseo.

Es imprescindible que se preparen sabiamente quienes determinan tener éxito en su noviazgo, pues el fracaso en la preparación es la preparación para el fracaso. Si decides no prepararte para tomar decisiones, tus decisiones serán basadas en tu falta de preparación. Si decides no conocer el propósito de Dios para el noviazgo, vas a desarrollar tu idea de ese propósito o cumplirás el propósito de otros. Si prefieres otras voluntades en vez del propósito soberano del Creador evidenciarás un acto de rebelión.

❦ ❦ ❦

El fracaso en la preparación para la vida matrimonial es la preparación para el fracaso en tu relación conyugal.

❦ ❦ ❦

Recuerda, el fracaso en la preparación es la preparación para el fracaso. Si decides no prepararte para tomar decisiones, tus decisiones serán basadas en tu falta de preparación. Por ello es esencial que decidamos prepararnos antes de la decisión de involucrarnos. Esta es una de las sabias determinaciones que debemos tomar en todo campo de la vida. Quien no se prepara para sus exámenes en la universidad, quien no se prepara para su tesis, quien no se prepara con anticipación para iniciar una nueva empresa, está preparando su fracaso.

La Biblia nos presenta el extraordinario ejemplo de Daniel, quien a diferencia de muchos, tomó la decisión de prepararse para el éxito. Él no comenzó a prepararse en medio de las dificultades, o cuando enfrentaba las presiones o las exigencias de otros. Daniel no comenzó a prepararse cuando los babilonios intentaban realizar el lavado de cerebro con el propósito de cambiar su mentalidad y sus principios. Daniel sabía que esas no eran las circunstancias para la preparación pues es el momento en que se examina nuestra reacción a nuestra anterior preparación.

Daniel y sus amigos iniciaban una nueva relación con otra cultura y otras personas. Nunca antes se habían relacionado con los babilonios y debían aprender algo nuevo. En esta nueva experiencia, Daniel y sus amigos aprendieron lo mejor que pudieron de las novedosas exigencias de la nueva cultura, para poder cumplir con excelencia lo que les demandarían en esta reciente relación. La sociedad les ofrecía la oportunidad de hacer cosas buenas o malas y ellos decidieron que harían lo mejor y que cumplirían con eficiencia las demandas, mientras no comprometieran los valores que ya habían aprendido. Estaban dispuestos a cumplir el propósito de Dios y no el de otros. Decidieron cumplir lo que demandaba Dios y no lo que exigía y aconsejaba su nuevo gobierno y cultura.

La cultura no puede impedir que cumplas el propósito divino para tu vida, pero tú puedes evitar cumplirlo al seguir los dictados de una cultura enemiga de los valores divinos.

La cultura no puede impedir que cumplas el propósito divino para tu vida, pero tú puedes evitar cumplirlo al seguir los dictados de una cultura enemiga de los valores divinos. Daniel tenía una nueva lealtad, pero esta no superaba su fidelidad a Dios. Cuando hay un rey que demanda cosas, cuando existe presión externa, cuando hay deseos de sobresalir, cuando se está involucrado con otra persona, uno es presionado a ser movido por lo que siente, pero sólo cumplen el propósito de Dios aquellos que determinan seguir la voluntad divina. Nos preparamos para el fracaso si llegamos a esas relaciones que nos demandan sin entender las nuevas exigencias. Cuando iniciamos esas relaciones que nos agradan y motivan nuestras emociones y que además, exigen algo de nosotros, debemos entender bien cuál es nuestra responsabilidad. De lo contrario, pese a nuestras buenas intenciones y tal vez por ignorancia, podemos fallar miserablemente.

La vida de Daniel es la mejor muestra de que vale la pena vivir conforme al propósito de Dios. Su testimonio nos muestra que cumplir el deseo divino es una de las determinaciones más importantes que un joven debe tomar en la vida. Que vivir por convicciones basadas en el propósito de Dios siempre nos llevará al éxito aunque en el proceso seamos presionados, cuestionados, atacados, intimidados o echados a «una jaula con leones». Estas decisiones correctas deben ser tomadas independientemente de lo incorrecto que haya sido tu trasfondo. Las determinaciones a hacer lo correcto deben tomarse independientemente del lugar donde te encuentres, de la profesión que tengas, o si tienes educación formal o careces de ella. La decisión de hacer lo correcto debe tomarse antes de enfrentar experiencias e independientemente de cómo te hayan tratado tus padres, o si vives con ellos o están a miles de kilómetros de distancia.

> *El testimonio de Daniel certifica que vivir por convicciones basadas en el propósito de Dios siempre nos llevará al éxito, aunque en el proceso seamos presionados, cuestionados, atacados, intimidados o echados a «una jaula con leones».*

La decisión de cumplir el propósito de Dios en tu noviazgo debe ser independiente de todo, y su éxito no será que conseguirás la octava maravilla del mundo como esposa, o que nunca tendrás dificultades, malentendidos, sufrimientos y tentaciones en tu relación. El éxito al cumplir el propósito de Dios para tu noviazgo es que serás la persona que Dios quiere que seas en esa etapa de tu vida y en el proceso cumplirás el deseo de Dios y por ello, serás una persona con contentamiento y un alto sentimiento de realización. Recuerda que la felicidad no depende de tener a tu lado las cosas que deseas, las circunstancias apropiadas o las personas adecuadas, sino en ser la persona adecuada. Y ser la persona adecuada para la vida es cumplir el propósito de nuestra creación. No eres feliz cuando haces lo que quieres de acuerdo a tus emociones y pasiones humanas, sino cuando haces lo que debes de acuerdo a la sabiduría y el propósito divinos.

1

EL MUNDO Y SU
FILOSOFÍA

*Ningún cristiano está libre de la fuerte influencia de la filosofía
mundana que nos incita a tener un noviazgo basado en los falsos
conceptos de amor que este mundo profesa y promueve eficientemente.
Pero un noviazgo conforme al propósito de Dios no se obtiene al aplicar
los valores morales relativos, sino los valores divinos absolutos.*

Debido a la extraordinaria influencia que tiene la mentalidad mundana en nuestro sistema de pensamiento, creo que es adecuado entregar algunas palabras de advertencia. El propósito de este capítulo es demostrarte cuán equivocado es el sistema de noviazgo que promueve el mundo y su filosofía, así como la seria influencia que tiene en la forma de actuar de los jóvenes.

Seguramente vas a estar de acuerdo conmigo si declaro que la mayoría de nuestras ideas sobre el noviazgo están basadas en los pensamientos y ejemplos que los «héroes» o «las estrellas» o el atractivo sistema de vida y propaganda que Hollywood nos ha provisto. También concordarás que cuando tenemos ideas y conceptos equivocados y basamos en ellos nuestras vidas y opiniones, no podemos realizar buenas elecciones. Quiero demostrarte que muchas de nuestras acciones erróneas se deben a lo errado de nuestros conceptos. Es imprescindible tomar la determinación de sacrificar nuestras pasiones y cambiar nuestra forma de pensar poniendo en nuestra mente un nuevo sistema de valores basado en Dios y sus principios.

No es de extrañarse que el apóstol Pablo entregara exhortaciones enfáticas que nos ordenan a no conformarnos al sistema de pensamiento mundanal. Él, por experiencia propia, sabía que esta no es una tarea fácil. Pablo reconocía que su naturaleza pecaminosa le incitaba momento tras momento a ajustarse a la filosofía mundana. Una forma de pensar diseñada por personas que buscan satisfacer sus pasiones carnales y para satisfacer los gustos y deseos humanos, sin tomar en cuenta los valores divinos. Es por ello que Dios nos manda a que hagamos el sacrificio máximo, capaz de transformar nuestras vidas. Ese sacrificio extremo que nos permite ir en contra de nuestros deseos pecaminosos se puede llevar a cabo si dejamos de pensar con una mentalidad ajena a Dios. Es por ello que debe existir una transformación en nuestra manera de pensar. Dios sabe que no sólo tenemos una naturaleza pecaminosa, sino que mientras más vivimos en este mundo alejado de la verdad, más somos infectados con la filosofía mundanal. Mientras más ideas sin fundamento en la revelación bíblica llegan a nuestras mentes, más se inunda nuestro sistema de valores temporales e ideas humanas y más absorbemos el sistema de pensamiento liberal, relativo y anti-dios del mundo.

❖ ❖ ❖

Es imposible que hagas buenas decisiones si en tu mente hay malas definiciones. Quien en su mente tiene ideas y conceptos erróneos, cometerá terribles equivocaciones pese a sus buenas intenciones.

❖ ❖ ❖

PABLO Y LAS ÓRDENES INELUDIBLES

En los primeros tres versículos del capítulo 12 de la Carta de Pablo a los Romanos encontramos el deseo de Dios para sus hijos que anhelan luchar contra la filosofía mundanal. Ese es el deseo de Dios para ti, querido(a) joven, que intenta tener un noviazgo que no se asemeje al estilo de quienes no aman a Dios y que lo anhelas conforme al propósito divino.

Observa algunas cosas muy importantes que se desprenden de las declaraciones del apóstol:

En Romanos 12.1 aparece su primera orden, que es *una exhortación a la consagración personal,* y en el versículo 2 *un mandato a la transformación personal.*

La exhortación: Una consagración personal

Pablo dice: «Así que, hermanos, os ruego por las misericordias de Dios, que presentéis vuestros cuerpos en sacrificio, vivo, santo, agradable a Dios, que es vuestro culto racional».

Este es un *llamado a la consagración personal* y es algo totalmente vertical.

Pablo no está diciendo: «Quiero darles una sugerencia», ni «sería bueno que hicieran esto». Lo que afirma es: «Así que, les ruego con mucha intensidad queridos hermanos que debido a la gran misericordia que han recibido, respondan haciendo lo que estoy seguro que Dios nos está ordenando».

Con estas palabras el apóstol hace un dramático llamado a todo joven cristiano a *la consagración personal.*

Podemos definir consagración de una manera muy sencilla. Es el acto de declararse «reservado exclusivamente para Dios». Es apartarse para el uso de Dios; separarse para la gloria de Dios; para que Él se deleite en nosotros. Es determinar separarse para someterse a la voluntad de Dios.

En muchas ocasiones, en que soy invitado como conferenciante a una cena de parejas, al llegar me doy cuenta que el lugar está repleto y me alegra que pensando en la comodidad de su conferencista hayan dejado un lugar especial. Veo todas las mesas ocupadas, a excepción de una en el salón donde han puesto un letrero que impide que otra persona tome esos lugares. El letrero dice: «Reservado». Eso mismo quiere decir «consagrado». Dios dice: «Pon dentro de tu vida el letrero: "Reservado"». En cada determinación que vayas a tomar en la vida, recuerda que está reservada para Dios. Este no es un llamado a tener un acto de religiosidad. No se trata de algo que se hace en algún momento y luego se evita en otro. Es una reserva permanente y que no es sólo para los líderes, los pastores, los hombres o los adultos. Es un acto de consagración personal ordenado para todo creyente, que cubre toda etapa de la vida, es decir, incluye la época de noviazgo.

Querido joven y señorita, Dios demanda algo que no debemos evitar. Debes reservar tu vida, tus acciones, tus sentimientos, tus palabras, tus actitudes sólo para Él.

Ni te atrevas a pensar que es una tarea fácil. Por eso Pablo lo llama «sacrificio». Eso era lo que ocurría en la antigüedad cuando se separaba una ofrenda para Dios. Para realizar el sacrificio debían matar a un animal y colocarlo sobre el altar para que fuera consumido por el fuego. El apóstol nos mete en un serio problema cuando nos dice que lo que debemos sacrificar es nuestro cuerpo. Es fácil sacrificar a otro, pero no a nosotros mismos y mucho más difícil cuando se trata de los deseos o fuertes pasiones de nuestro cuerpo. Además, Pablo dice que este es un sacrificio «vivo». Por eso es que queremos constantemente bajarnos del altar del sacrificio. Sentimos el deseo de salir cuando preferimos seguir nuestras pasiones. Es más fácil seguir experimentando el mundo de caricias excitantes que negar su pasión y autosacrificarse. La primera demanda divina para quienes desean vivir bajo los principios del reino es que debido a la gran misericordia divina que nos buscó y nos salvó, debido a que somos tesoro especial apartado, consagrado para Dios, debemos responder con tal gratitud y sumisión que sacrifiquemos las pasiones que van en contra de esos principios divinos. Además, debemos depender del Espíritu Santo y la guía de su palabra para cumplir la segunda parte de este proceso de liberarnos del dominio de la influencia de la mentalidad mundanal que hemos adquirido en la vida.

La demanda: Una transformación personal

Observa con detenimiento y profundidad la segunda demanda. Sí, leíste bien. No es una sugerencia, es una orden: «No os conforméis a este siglo, *sino transformaos*». Quien decide consagrarse a Dios tendrá una seria batalla que se inicia con la demandante tarea de la autosumisión. Esta es la determinación a realizar un autosacrificio, decisión que se consolida cuando estamos determinados a realizar *la transformación personal.*

Si has tomado la decisión de reservar tu vida para Dios, debes involucrarte en el difícil pero indispensable proceso de transformar tu vida. Esta transformación no se puede realizar sin el cambio que describe Pablo cuando afirma: «la renovación de vuestro entendimiento».

Entiende bien estos dos términos utilizados por el apóstol: «conforméis», y «transformaos». Conformarse quiere decir: «Hemos determinado expresar externamente algo que no nace en forma natural y que más bien procede de los grandes principios bíblicos que deben estar dentro de nuestra mente». Dios te dice querido(a) joven: «No te conformes a una imagen que no es la tuya. Tienes la imagen de Cristo, no muestres externamente una imagen mundanal. Cuando te involucras en las cosas que caracterizan al sistema del mundo, estás conformándote a ese sistema y estás ignorando la mentalidad y los principios del reino de Dios. No estás viviendo conforme a la mente de Cristo, no estás evidenciando la imagen de Él».

Transformarse es la orden que Dios nos da. Por ello junto con la exhortación a la consagración personal Pablo entrega la demanda de la transformación personal. Nota que no nos dice que esperemos pacientemente nuestra transformación. Es cierto que no podemos tener una vida nueva sin Cristo. Sólo en Cristo podemos ser nuevas criaturas y como resultado las cosas viejas pasan y todas son hechas nuevas. Pero sacar ese potencial que Dios nos ha dado, desarrollar esa nueva vida, con nuevos valores, es deber del creyente bajo la dirección del Espíritu Santo, su Palabra inerrante y la guía sabia y bíblica de los líderes llamados por Dios. Observa que Dios entrega la responsabilidad de la transformación a cada creyente. Transformarse significa que «tenemos un compromiso de meter dentro de nuestra mente principios absolutos que permitan que nuestras expresiones externas reflejen lo que tenemos de Dios y dentro de nosotros».

Dios nos entrega la tarea de transformarnos y nos da el único medio efectivo para hacerlo. Pablo dice: «Por medio de la renovación de vuestro entendimiento».

Nuestro sistema de pensamiento ha sido formado lentamente. La forma en que pensamos hoy es el resultado de todo lo que hemos visto, oído y experimentado. Hemos recibido la influencia de nuestros padres y los miembros de nuestra familia, seres humanos falibles y pecadores. Hemos sido influenciados por el sistema de comunicaciones mundano que está dominado por el sistema de pensamiento inducido por el maligno. Hemos recibido influencia de amigos, escritores, artistas, profesores, políticos, autoridades. Todos miembros de la raza humana caída y pecadora. Con el resultado que hemos tenido de toda esta influencia, y por nuestra propia debilidad y pecaminosidad, hemos formado nuestro sistema de valores. Actuamos basados en lo que pensamos y no pensamos como Dios ni podemos siquiera intentar pensar como Él si no renovamos las ideas, pensamientos y recursos que están archivados en nuestra mente. Nuestro sistema de pensamiento mundanal nos llevará a pensar en cumplir nuestra voluntad humana y no podemos vivir conforme al propósito divino sin renovar la información que hemos archivado en nuestra mente.

❖ ❖ ❖

Nuestro sistema de pensamiento mundano nos llevará a pensar en cumplir nuestra voluntad humana. Sin embargo, no podemos vivir conforme al propósito divino sin renovar la información que hemos archivado en nuestra mente y que motiva nuestras acciones y reacciones diarias.

❖ ❖ ❖

EL MUNDO Y SU SISTEMA DE PENSAMIENTO

El sistema de pensamiento del mundo es como el *smog*. No lo ves a simple vista pero va afectándonos lenta pero congruentemente hasta que se hace parte de nuestra vida.

Cuando llegas vía aérea a ciudades como Buenos Aires, Ciudad de México o Santiago a veces puedes ver el cielo oscuro debido a la gran cantidad de *smog* acumulado. El cielo se torna gris. Pero cuando caminas por las calles no puedes ver frente a tus ojos lo gris del *smog*, aunque está allí. Lo vas respirando y va afectando tu sistema respiratorio. Lo puedes ver en los árboles ennegrecidos por tantos años de recibirlo y puedes notar sus efectos en temporadas difíciles en que los niños son llevados a los hospitales para ser tratados por el efecto que produce. Así es el sistema del mundo. No lo ves a simple vista, pero se va introduciendo en tu mente y poco a poco vas adquiriendo un sistema de pensamiento que en el mejor de los casos no entiende el propósito y los mandatos divinos, y en el peor se vuelve anti-dios. Por eso el mandato divino es «transformaos por medio de la renovación de vuestro entendimiento». Y observa cuál es el propósito: «Para que comprobéis cuál sea la buena voluntad de Dios, agradable y perfecta».

El mundo y sus motivaciones

Recuerda que el reino del mundo tiene cuatro principales motivaciones para la vida. Son objetivos muy comunes y que vemos en toda la sociedad. Estos son: fortuna, fama, poder y placer. La *fortuna* dice a la mentalidad de la persona: «Consigue riquezas, acumula y guarda todo lo que puedas». Le dice: «¡Consíguelo! Disfrútalo, guárdalo, es tuyo, tú lo conseguiste». La *fama* le aconseja: «Hazte un nombre. Hazte muy conocido, busca que te admiren, busca que todos te idolatren y así puedes tener lo que quieras». El *poder* le susurra: «Busca ser poderoso, busca ser influyente, busca mando, dominio, así puedes controlar a la gente. Usa esa influencia para manipularlos e intimidarlos». El *placer* le ordena: «Busca satisfacer lo que te apasiona. Si te gusta, búscalo y si lo encuentras, disfrútalo. Si te sientes bien, hazlo y goza de lo que te hace sentir placer». Ese es el sistema del mundo y muchas personas se basan en él para tomar las decisiones que darán forma a las distintas áreas de sus vidas. Los jóvenes no cristianos no buscan un noviazgo que cumpla el deseo de pureza y santidad que Dios tiene, sino uno que satisfaga sus gustos y pasiones.

Un espécimen raro

A.W. Tozer escribió palabras muy descriptivas de cuán diferente debe ser el sistema de pensamiento del cristiano respecto al del mundo. La forma de pensar de quienes profesan una filosofía humanista y relativista no debe encajar con el cristianismo real. El tal afirma que el cristiano es un extraño en el mundo. Estas son sus palabras: «El cristiano real es un número impar de todas maneras. Ama supremamente a quien no puede ver. Habla con familiaridad con Él todos los días. Espera ir al cielo por los méritos de otro, se vacía para poder llenarse, admite su equivocación para poder ser declarado justo, se humilla para que lo exalten, es más fuerte cuando es más débil, más rico cuando es más pobre, más dichoso cuando se siente peor, muere para poder vivir, deja para poder tener, da para poder guardar, ve lo invisible, oye lo inaudible, y sabe lo que sobrepasa todo entendimiento».

Así como el pensamiento pecaminoso de la sociedad no debe encajar en el cristiano, tampoco en la sociedad encaja la forma de actuar de un cristiano maduro y genuino. Los cristianos debemos ser considerados extraños.

Si no te consideran un extraño en el colegio o en el trabajo es porque no has entendido el cristianismo. Si tus amigos o amigas que tienen relaciones sexuales prematrimoniales no te consideran extraño(a) y si no piensan que eres medio raro, entonces, no estás dando un testimonio bíblico de tus creencias. Si los muchachos y chicas que te rodean no se extrañan de que estés en contra de las relaciones sexuales prematrimoniales, entonces, o ellos son cristianos o no has dado a conocer tus convicciones bíblicas con claridad.

Una sociedad difícil

No es una tarea fácil tratar de vivir con pureza en medio de una sociedad con una filosofía de pensamiento tan centrada en la satisfacción de las pasiones personales, sin restricciones bíblicas ni morales. Tampoco es difícil entender que nuestras acciones erróneas son producto de las ideas, definiciones y principios errados que tenemos en nuestras mentes.

Todos entendemos muy bien que el mundo tiene una agenda muy distinta a la que debemos tener los hijos de Dios y que ha influenciado nuestra mente tantos años como tenemos de vida. Las metas de la filosofía mundanal, sus valores, sus métodos son totalmente diferentes de los que Dios utiliza para conseguir sus fines y allí nos encontramos los hijos de Dios, como digo en otro capítulo, en diferentes encrucijadas de la vida. Constantemente debemos decidir si nos alineamos al sistema de pensamiento mundanal o vivimos nuestras convicciones bien fundamentadas en la Palabra de Dios. Esta es una decisión minuto a minuto y que nos presenta una batalla permanente.

Seguramente estarás de acuerdo conmigo si te digo que cada vez es más difícil para el joven cristiano cumplir el propósito de Dios para el noviazgo, por varias razones:

Primero, hay una actitud permisiva abrumante y creciente en la sociedad. Cada vez es más fácil hacer lo que el individuo desea y rechazar cualquier sistema moral que le prohíba dar rienda suelta a sus pasiones. Cada vez hay una mayor influencia de la mentalidad relativa y un mayor desprecio por la moral bíblica. Hoy día no sólo se ve como anticuada la determinación de una señorita de permanecer virgen hasta el matrimonio, sino que además se le ataca y se le ridiculiza. Hoy día no se ve como pecado tener relaciones sexuales prematrimoniales, sino como una parte normal del proceso de preparación para el matrimonio. Muchos jóvenes piensan que es mejor tener relaciones sexuales antes del matrimonio para determinar si son compatibles, en vez de entrar a la vida conyugal sin haber probado que existía compatibilidad sexual.

Segundo, existe una creciente irresponsabilidad moral. Al sistema del mundo no le interesa un sistema de pensamiento basado en una moralidad bíblica. Prefieren que cada individuo determine la suya basado en sus soberanas elecciones personales. La sociedad no hace un llamado a evitar las relaciones sexuales fuera del matrimonio por considerar que son parte del sistema de inmoralidad, más bien hace un aguado llamado a evitar los embarazos por considerar que quedar embarazada sin quererlo es una irresponsabilidad.

La sociedad no tiene problemas para promover el aborto porque cree que la mujer es libre de elegir soberanamente sobre su cuerpo, aunque de paso decida la muerte de un inocente. Pero tiene problemas para promover la abstinencia porque invade el derecho de la persona de satisfacer sus gustos a su manera. La sociedad no promueve una vida de alta moralidad basada en principios absolutos creados por Dios, sino elegida de acuerdo a los sentimientos humanos. La sociedad no promueve el casamiento bajo las leyes de Dios y con un compromiso para toda la vida, sino la unión libre entre la pareja y sin un compromiso legal. Cada vez existe menos intención de conocer lo que es importante para Dios en la vida conyugal y más deseos de hacer lo que es importante para los cónyuges de acuerdo a su deseo particular. Sin un compromiso con la más alta moralidad bíblica es imposible tener un noviazgo de acuerdo al propósito divino.

La sociedad no hace un llamado a evitar las relaciones sexuales fuera del matrimonio por considerar que son parte del sistema de inmoralidad, más bien hace un aguado llamado a evitar los embarazos por considerar que quedar embarazada sin quererlo es una irresponsabilidad.

Tercero, hoy día más que nunca existe falta de compromiso. Vivimos en una sociedad que no quiere complicarse la vida con leyes y principios divinos ni compromisos para toda la vida. Existe una gran tendencia a tener compromisos cortos y su determinación es «hasta que los deseos los separen», en vez de ser «hasta que la muerte los separe». Cada día utilizamos más productos desechables pues nos evitan el trabajo que demanda la limpieza. El mundo no sólo se acostumbra a desechar los platos sucios para evitarse problemas, sino que también desecha la relación conyugal cuando comienzan los conflictos para evitarse los problemas y el compromiso. Hoy los cónyuges entran al matrimonio con menos deseos de admitir sus responsabilidades y con una idea más frecuente de escapar cuando comienzan a ocurrir los conflictos naturales de las relaciones conyugales. Tendemos a huir de los conflictos emocionales utilizando medicamentos y huyendo de las personas. Escapando de las responsabilidades y huyendo de los compromisos no podemos tener un noviazgo que cumpla el propósito de Dios. Sin entender ni creer que Dios tiene razón y que el matrimonio debe ser un compromiso hasta la muerte, no es posible tener un noviazgo que se inicie y continúe basado en los planes divinos.

En mis conferencias para los padres les indico que nuestros hijos vienen a este mundo como salvajes. Ellos no saben nada de este mundo. No tienen idea de lo que es respeto, responsabilidad, amor o autoridad. No saben cómo comer, qué elegir como alimentación nutritiva, ni tienen concepto de autoridad. No vienen a este mundo conociendo un idioma pues hablarán lo que les enseñen, ni tampoco saben las definiciones de las palabras.

Escapando de las responsabilidades y huyendo de los compromisos claramente establecidos por Dios no podemos tener un noviazgo que cumpla el propósito divino.

Si tienes un hijo y apenas nace lo entregas en adopción a una familia china, y nunca está expuesto al castellano, lo que aprenderá será chino, aunque tenga sangre latina. Si le enseñas que respeto es insultar a las personas, cada vez que insulte creerá que está respetando. Si defines el amor como la atracción y pasión que te permite tener relaciones sexuales con la persona con la que estás infatuado, entonces, cuando vivas en ese sistema de lujuria creerás que estás amando.

LA FILOSOFÍA MUNDANAL Y SUS DEFINICIONES

No sólo los adultos, sino también los jóvenes pueden actuar erróneamente cuando han sido mal formados o cuando tienen definiciones erradas de los términos. Ese es precisamente el sistema que emplea la sociedad. Ellos se dedican a definir la vida. Definen lo que es amor, lo que es sexo, definen todo, y no conforme a valores absolutos ni basados en la revelación de la voluntad divina expresada en las Sagradas Escrituras, sino fundamentados en sus mentalidades relativas y motivados por las ideas y sentimientos personales.

El mundo y sus filósofos son los que se han dedicado a definir las palabras. Han definido la vida de acuerdo a sus ideas, pero la Biblia enseña que aun la sabiduría del mundo es necedad delante de la sabiduría divina. Lamentablemente los jóvenes no pueden tomar decisiones sabias si han recibido consejos necios. No pueden tomar decisiones influenciadas por el consejo divino quienes han recibido la presión y las ideas de una sociedad humana que no tiene ningún deseo de honrar y glorificar a Dios. Por esto, cuando leas las ideas que presento en este libro puedes sentir que son muy diferentes a las aprendidas en el pasado. No obstante, te ruego que no las rechaces sólo por no coincidir con tu sistema de pensamiento y te animo a que tomes la decisión de evaluar sabiamente si tu sistema coincide con la revelación bíblica.

Mi anhelo es comunicarte que sí existe un noviazgo, sí existe una etapa importante previa a la relación conyugal, pero que no fue diseñada por los hombres sino por Dios. Mi deseo es comunicarte que debemos desarrollar relaciones amistosas y que es natural y bueno que exista una relación de acercamiento entre dos personas del sexo opuesto, pero es indispensable que lo hagamos conforme a los principios y preceptos divinos. Es mi deseo comunicarte que sí hay un momento de la vida en que comienza una etapa de atracción y que es bueno sentirse atraído al sexo opuesto. Mi deseo es comunicarte que todo esto fue creado por Dios, pero no fue creado para que la estructura de nuestras relaciones, de nuestra intimidad, de nuestra atracción y de nuestro noviazgo sean definidas de acuerdo a los conceptos humanistas. Mi deseo es que comprendas que todo ello fue creado con propósito. Sin embargo, cuando no cumplimos el propósito de Dios para el que fuimos diseñados, creamos un conflicto en nuestras propias vidas y de paso los creamos en las personas con quienes nos relacionamos.

Todo el mundo tiene que funcionar de acuerdo a los parámetros establecidos por Dios. Si el sol, la luna, la lluvia o cada uno de los elementos de esta tierra no cumplieran el propósito para el cual fueron diseñados, ten la absoluta seguridad de que existiría un cataclismo en este mundo. De la misma manera, cuando intentamos funcionar sin cumplir el propósito para el cual fuimos diseñados, creamos un cataclismo en nuestras vidas.

Definiciones erróneas de propósitos divinos

Lo acertado o equivocado, lo eficaz o ineficaz que uno sea en todo campo en la vida, depende en gran medida de algunas cosas. Primero, *del conocimiento que tenemos del propósito de ese campo.* Por ejemplo, no podemos ser eficaces en el campo de la medicina si no entendemos cuál es el propósito que tiene. Tampoco podemos cumplir el propósito del noviazgo, sin haber investigado y descubierto la razón de su existencia.

En segundo lugar, *lo eficaces que seamos en cualquier campo depende de que comprendamos muy bien las definiciones esenciales.* En medicina, los estudiantes deben aprender a definir síntomas, enfermedades, remedios, etc. Las malas definiciones demostrarán una falla en la comprensión que resultará en acciones erróneas.

Así también el mundo nos ha definido y sigue definiendo mal las cosas. El mundo ha definido el noviazgo como el momento de encuentro entre una chica y un chico para acariciarse, besarse, manosearse y algunos incluyen hasta tener relaciones sexuales prematrimoniales. Esa es la definición que existe en el mundo, es la más liberal que tenemos.

Las estadísticas nos dicen que a los catorce años, y aun antes, muchas chicas comienzan sus relaciones sexuales. Lo hacen pues creen que eso es parte normal del noviazgo o creen que es una consecuencia natural de la atracción que sienten y que no es necesario reprimirla. Así que este sistema mundanal está interesado en ganar tu confianza, por obvias razones. Ellos quieren decirte que, como señorita o joven, vas a tener más oportunidad mientras más sexy te vistas, porque quieren venderte ese tipo de ropa. Te crean toda una industria que no sólo te vende productos que enfatizan tu figura sensual, sino que además te enseñan cómo debes comportarte, mirar, reírte, pintarte, sentarte y todo, para lucir sexy. Por supuesto que lo hacen porque están interesados en sus ganancias sin importar la inmoralidad. Por ello, la pornografía es una de las industrias que produce más ganancia en el mundo comercial. Cuando el individuo no tiene una brújula moral, todo su mundo gira en torno a las ganancias que va a tener.

Es un hecho que el mundo nunca va a definir las ideas, la moralidad y las palabras conforme a los principios divinos. Debido a las definiciones erróneas y la influencia que tienen en las decisiones, en muchas de mis conferencias me detengo para redefinir términos. Mi interés es que al hablar de amor la gente no crea que hablo de lo que el mundo piensa que es amor. Que cuando hablo de sumisión o autoridad, mi audiencia no piense que estoy hablando de la idea de subyugación o autoritarismo y machismo que puede existir en su vida y que ha aprendido en el mundo.

Al escuchar a la gente que asiste a mis conferencias y por medio de las cartas que recibo, he podido darme cuenta de cuantas ideas erróneas existen en la mente de las personas, incluyendo muchos cristianos que no han madurado ni han tomado el tiempo necesario para entender la vida de acuerdo a las definiciones divinas. Por ejemplo, es fácil notar que debido a la mentalidad machista de este mundo, muchos padres aprendieron a ser tiranos con sus hijos y controlar con autoritarismo la vida de la familia. Otros aprendieron que ser padre significa ser un proveedor para las necesidades físicas pero no proveer para las necesidades emocionales y espirituales de sus seres queridos.

Para ayudarte a comprender el propósito de Dios para el noviazgo, he tenido que investigar la Biblia y desprender de ella las definiciones sobre palabras cruciales en las relaciones entre un joven y una señorita. Permíteme compartirlas contigo.

ESCLARECIMIENTOS NECESARIOS PARA ACTUAR CON ACIERTO

No puedes actuar bien si tienes algo mal definido en tu mente. Si enseñamos mal a nuestros hijos, no pueden pensar bien y por lo tanto, no podrán actuar bien.

Mi trabajo es examinar profundamente la Palabra de Dios para definir las cosas de acuerdo a ella. Para eso tomo tiempo, utilizo herramientas apropiadas, investigo profundamente, estudio el griego, el hebreo, las costumbres, las palabras y así puedo entender con más acierto el concepto bíblico.

Observa lo que dice Proverbios 29.18:

Sin profecía el pueblo se desenfrena, mas el que guarda la ley es bienaventurado.

¿Qué significa esto? Sin la revelación de la verdad divina, sin la revelación de la Palabra de Dios, que es lámpara a nuestros pies y lumbrera a nuestro camino; sin la revelación del propósito de Dios, sin la revelación de la voluntad de Dios, el individuo se desenfrena, no tiene límites, es un río con mucho caudal, pero sin límites.

En Ecuador, a unos cuantos kilómetros de la ciudad de Quito, hay un lugar que visitaba de vez en cuando, se llama Papallacta. Es un lugar frío, pero hay fuentes de aguas termales, y allí los ingenieros de Radio HCJB construyeron una represa que obtiene el agua de los ríos que están alrededor de aquella montaña. Esa agua la envían por grandes tuberías y la hacen bajar por la ladera. Abajo existe una planta de energía eléctrica, la cual ilumina todo el pueblo y además entrega electricidad a los transmisores de HCJB, La Voz de los Andes, para que lleve el mensaje del evangelio en distintos idiomas a prácticamente todo el mundo. Ese mismo caudal sin límites es destructivo. Armenia, en Colombia, sufrió derrumbes y estragos debido a que el río aumentó su caudal y sus riberas no fueron capaces de contenerlo. Existe una gran tragedia cuando el agua corre sin límites. Igualmente existe una gran tragedia cuando las pasiones naturales no son controladas por los maravillosos límites morales. Un noviazgo, que es una etapa de acercamiento entre dos personas de sexo opuesto, genera pasiones muy difíciles de controlar y por ello necesitamos una estructura bíblica que nos motive a vivir dentro de la moralidad que Dios demanda.

Cuando la energía de un joven, cuando la energía de una señorita, cuando todo el potencial que tienen no es puesto dentro de los límites

Así como el agua de un río cuando aumenta su caudal y corre sin límites produce serias tragedias, también existe una gran tragedia en la vida de los jóvenes cuando no controlan sus pasiones naturales mediante los maravillosos límites morales.

apropiados, se torna destructivo. Esa pasión por hacer cosas a su manera, por alcanzar nuevas fronteras, les puede llevar a meterse en las drogas, el sexo prematrimonial o las pandillas. Cuando una persona usa su inteligencia sin límites morales, puede llevarle a tomar decisiones destructivas y mortales. Pero cuando canalizas toda esa energía apropiadamente, querido joven y señorita, puedes convertirte en un hombre y en una mujer brillante. Te transformas en un gran aporte para la sociedad, respetuoso con tus padres, capaz de pararte frente al mal y decir no. Esa energía canalizada por tu amor a Dios, hace de ti una persona capaz de amar bien a tu familia, que te prepara para amar a tus hijos en el futuro, para criarlos en amor y disciplina, y que disfrutas de paz en tu conciencia.

Por eso la Palabra de Dios dice que sin la revelación de la voluntad de Dios, sin que esa voluntad revelada sea bien comprendida por medio de un buen estudio de la Biblia y por lo tanto, definiciones claras de la voluntad divina, el individuo se desenfrena para hacer lo que considera mejor. Cuando se pasa por alto a Dios, cuando se ignoran sus principios, sus mandamientos y sus valores, allí abundan el crimen y el pecado. La inmoralidad pública depende de cuánto el individuo conoce y ama a Dios. La moralidad del individuo aumenta si ama a Dios, y disminuye si no tiene ningún concepto de amor por Dios. Y con el propósito que las naciones y los individuos actúen bien, Dios dejó parámetros apropiados. Sin visión, o sin profecía, el pueblo, el individuo, el hombre se desenfrena.

Si estudias la vida de Samuel notarás que este niño, adolescente y luego joven, fue criado en medio de una familia terrible. Elí, el padre, tenía dos hijos: Ofni y Finees, sacerdotes de Dios, pero entregados al mal y que vivieron haciendo cosas incorrectas y muy pecaminosas. En ese pozo negro de estiércol de las acciones pecaminosas de los hijos de Elí, nació una flor llamada Samuel.

Fue criado como hijo adoptivo en una familia terrible. La Biblia dice que el joven Samuel tenía una relación sabia con Dios, a pesar de que la revelación divina escaseaba en aquellos días. En medio del pecado de los líderes religiosos, y por ende la falta de revelación divina, el joven Samuel creció como una rosa en medio del desierto. No es imprescindible que todo lo que nos rodee cumpla el propósito de Dios para que nosotros vivamos en su voluntad. Se necesita amar a Dios, creer que los principios divinos son más importantes que la presión del mal ejemplo humano para vivir una vida conforme al propósito divino. En medio del desierto de la filosofía mundana tan equivocada, los jóvenes cristianos pueden florecer y disfrutar de una vida matrimonial satisfactoria y saludable, si deciden tener un noviazgo conforme al propósito divino.

LAS DEFINICIONES INCORRECTAS PRODUCEN CONSECUENCIAS

Así como las definiciones correctas nos permiten acertar, las equivocadas nos llevan a errar. Obvio. Si defines bien en tu mente qué es la vida; si defines para qué vives; si define bien lo que es la amistad y el noviazgo, entonces vas a tener la posibilidad de vivir bien, tener amistades correctas y tener un noviazgo con propósito.

Concepto de amistad

Para el mundo, la amistad es una relación entre humanos basada en las emociones. Muchos creen que los amigos son los que se sienten bien cuando se acompañan, que les gusta pasar tiempos juntos y se protegerán en toda circunstancia. Para muchos la amistad es un asunto emocional y es unida por los sentimientos. Cuando la gente tiene este concepto simplista y erróneo de la amistad no puede tener amistades saludables y duraderas. Al pensar así, cuando aparece una dificultad, cuando existen conflictos en sus relaciones interpersonales, terminan su relación pues la amistad estaba basada en emociones y no en convicciones serias.

El mundo se encarga de hacer creer que la amistad depende de sentimientos y los jóvenes llevan el mismo sistema de pensamiento a su relación matrimonial. Por eso muchos creen que deben continuar su relación conyugal sólo si se sienten bien y terminarla si se sienten mal.

De acuerdo a la filosofía del mundo, muchos consideran como buenas amistades a los que hacen lo que el amigo dice. Otros creen que un buen amigo es quien le ayuda a conseguir sus objetivos erróneos o quien le acompaña en su mundo de pecado. Muchos jóvenes sienten que tienen un gran amigo en quien les ayuda a ocultar sus pecados y otros rechazarían mantener la amistad con quien es capaz de confrontarlo y poner condiciones para mantener su relación amistosa.

Cuando uno investiga en la Biblia y pone en orden las enseñanzas sobre la amistad que se encuentran distribuidas en diferentes biografías, preceptos, mandamientos y principios, se da cuenta de cuan diferente es el concepto de amistad para Dios.

En primer lugar, la amistad de acuerdo al concepto divino no debe basarse en las emociones o sentimientos humanos, sino en las convicciones bíblicas. La amistad entre los seres humanos es siempre imperfecta y no puede ser automática. Esta se va desarrollando en un proceso, se va estructurando en principios y se va corrigiendo con sabiduría. El joven cristiano que anhela cumplir el propósito de Dios para su vida no elige como amigos a las personas con quienes se siente bien, sino las que tienen convicciones bíblicas correctas. El joven cristiano debe preguntarse: ¿Tiene esta persona convicciones bíblicas? ¿Es una contribución para mi vida? ¿Esta amistad me motiva y me ayuda a amar más a Dios, a mi familia y a ser una mejor persona?

Otra verdad bíblica en torno a la amistad es que esta es una obligación que debemos cumplir y no una opción que podemos rechazar.

Dios nos creó para desarrollar amistades, Dios nos creó con la necesidad de tener amigos. Dios nos creó con la capacidad y necesidad de amar y ser amados. Así que desarrollar relaciones amistosas no es una opción del individuo. Aquel que se aleja de todo el mundo y quiere vivir como un ermitaño está dañando su vida. Necesitamos amigos, es una obligación que cumplir no una opción que elegir.

En tercer lugar, bíblicamente la amistad debe basarse en los más altos valores morales y no en las ideas del mundo. La amistad debe estar basada en grandes principios bíblicos y no en las ideas falibles e interesadas de los hombres. Son esos principios bíblicos que tienes como joven los que te obligan a confrontar tu propio pecado y el pecado del amigo aunque este se enoje. Los valores cristianos no nos permiten aceptar los pecados y las equivocaciones sino confrontarlas sabiamente. Así actúa un buen amigo. Un verdadero amigo es capaz de mirarte a los ojos y decirte: «Estás equivocado», «No acepto que estés mintiendo», «No me uniré en tu plan de desobedecer a tus padres».

La amistad no es una opción que podemos elegir. Ese profundo anhelo de amar y ser amados es una necesidad que debemos suplir en forma sabia y razonable si queremos vivir una vida saludable.

No eres una buena amiga o un buen amigo si tu amigo te cuenta un secreto de pecado y maldad y no decides decirle con mucha ternura, energía y autoridad: «Estás equivocado, estás haciendo lo incorrecto y no te apoyaré en tus acciones erróneas». La verdadera amistad obliga a confrontar el pecado y no aceptar lo equivocado. La amistad conforme al deseo divino obliga a decir la verdad, no aceptar la mentira. Un verdadero amigo actúa conforme a los más altos valores morales que le motivan a confrontar la maldad y no de acuerdo a las ideas mundanales que le motivan a condescender con el pecado. Cuando se trata de decidir tener amigos, estás cumpliendo con una obligación que te permite amar y ser amado, pero para que esta cumpla el propósito divino no debe estar basada en las ideas del mundo.

Concepto de amor

Para quien no conoce a Dios, a quien no le interesa Dios, para aquel que no tiene la profecía bíblica, para quien no le interese la revelación de la Palabra, el amor es esa sensación emocionante de ternura, cercanía y pasión que sentimos por alguien de cualquier sexo. No te olvides que el mundo sigue redefiniendo las ideas a su antojo. Cada vez que la gente quiere justificar sus acciones erróneas o legalizar con astucia lo que la moralidad condena, se inventan nuevas concepciones. Eso es exactamente lo que ahora está ocurriendo. Intentan que la definición de amor no sólo incluya el que se siente por alguien del sexo opuesto, sino también por alguien del mismo sexo. En estos momentos la filosofía secular lucha con fortaleza para que en la definición de matrimonio se incluya la relación homosexual pues definen el amor como ese sentimiento que una persona puede tener por alguien de cualquier sexo. Alegan que para estar casados y compartir la vida, sólo se necesita amor, cariño, ternura y un deseo de compartir sus pasiones y emociones. Por esta razón creen que si dos hombres o dos mujeres se sienten emocionadas, excitadas y quieren compartir su vida con compromiso, con cariño, con aprecio y preocupación mutua, entonces nadie debe impedirles tener una relación conyugal.

Es evidente que el mundo define el amor en forma muy diferente de lo que dice la Palabra de Dios. Por eso ahora en las escuelas, colegios y universidades hay chicas y chicos que tienen relaciones de lesbianismo y homosexualidad en forma abierta. Según ellos sienten amor porque eso es lo que el mundo les enseña. Así de equivocada es su definición de amor, una que es fácil de aceptar pues ayuda a satisfacer con mayor libertinaje sus pasiones.

No confunda el amor con la infatuación. Amor para el mundo es ese deseo persistente de querer pasar tiempo con la otra persona. Algunos piensan que están enamorados porque les ha atraído otra persona, y por ello se sienten emocionados, estimulados. Debido a esa sensación sienten necesidad de buscar al otro, llamarle por teléfono, pasar tiempo juntos, verle, tocarle, abrazarle. Por ello se excitan y sienten necesidad de tener contacto sexual. Por lo tanto, si ambos sienten lo mismo, si sienten amor, nadie debe impedirles tener relaciones sexuales.

No confunda el amor con la atracción. El mundo piensa que una persona está enamorada cuando siente una gran atracción hacia la pareja. Cuando ese acercamiento con la otra persona le produce emociones fuertes, sensaciones de alegría. Las personas dicen sentir amor cuando la cercanía a otro individuo le produce pasión, entusiasmo, alegría.

Cuando nuestro encuentro con otra persona nos produce gran emoción, un fuerte enardecimiento, un fervoroso deseo de estar constantemente con quien decimos amar, entonces afirmamos que sentimos un amor profundo.

En el mundo se dice que estamos enamorados cuando hemos sido seducidos, cuando la atracción física inundó nuestro ser, cuando hemos sido cautivados por el encanto, la hermosura, la inteligencia, la fortaleza, el conocimiento, el talento o una combinación de esas virtudes. Cuando vemos una persona así nos llama la atención y mientras más atracción produce, más creemos estar enamorados.

Permíteme advertirte algo, querido joven y señorita: eso mismo puede sentirse estando casados. Sólo basta que pase el tiempo y existan conflictos en su relación conyugal y pierdes la emoción de la relación. Basta que comiences a sentir rechazo, enojo y molestia con tu cónyuge y que encuentres a otra persona atractiva, con encanto, hermosura, inteligencia, fortaleza, conocimiento o talento, o con una combinación de esas virtudes y que te muestre interés, para que tus pasiones se alteren. Basta que dejes pasar un tiempo de cercanía y conversaciones cada vez más íntimas y comenzarás a sentir la necesidad de volver a verla, volver a conversar con ella, comenzarás a extrañarle y a sentirte entusiasmado.

Siempre estás expuesto o expuesta a sentir atracción. No importa tu estado civil. Puedes estar soltero, casado, viudo o divorciado. Cuando por ignorancia o rebelión no tienes una buena relación conyugal, ni has entendido lo que es la vida de matrimonio, ni tienes altos principios morales, al sentir atracción por alguien puedes creer que lo que sientes es amor. Allí no existe amor. Sólo se ha desarrollado la pasión, activado y motivado la lujuria, y aun casados, podemos sentirnos tan apasionados por otra persona que terminamos resintiéndonos con nuestro cónyuge e infatuados con la nueva conquista.

El amor según Dios es el verdadero amor. La pregunta obvia es, entonces, según Dios, ¿qué es amor? A diferencia de la definición que da el mundo, cuando estudiamos la Biblia, que es la revelación de su voluntad y principios, *el amor es la decisión de hacer lo correcto con alguien, basados en los principios divinos inmutables y a pesar de nuestros sentimientos y pasiones humanas cambiantes.*

El individuo puede sentir atracción en muchas ocasiones. Esta puede llevarte a una gran cercanía, a pesar de que sabes que involucrarte sexualmente con otra persona que no es tu cónyuge es adulterio. Esa atracción apasionante que no pudiste dominar puede llevarte a un acto de lujuria. Esto no es amor, pues ese maravilloso amor basado en los preceptos divinos no hace daño, no hace lo indebido, no hace lo inapropiado, no hace lo que destruye, no hace lo que desecha los propósitos divinos. Cuando amamos a Dios y a otra persona, tomamos la decisión de hacer lo correcto de acuerdo a lo que Dios ordena y a pesar de nuestros sentimientos.

En la relación matrimonial no disfrutamos de las discusiones. No estamos pensando: «Qué lindos los problemas que tenemos». A todos nos ocurre que en ciertos momentos nuestros sentimientos antagónicos nos llevan a acciones erróneas. Los casados a veces no queremos estar con nuestro cónyuge por el antagonismo que experimentamos. La esposa engañada por su marido nunca dirá: «Ay, qué lindo mi marido, cómo siento cariño por este engañador». Lo que sentimos es una profunda molestia. Sentimos enojo, y debemos sentirlo. Debemos estar molestos, debemos confrontar el problema, debemos exhortar al cónyuge con energía y permitirle que viva las consecuencias de su comportamiento y establecer buenos límites. Si no confrontas el problema y no disciplinas con sabiduría, entonces, no sabes amar. Quien acepta que su cónyuge viva en pecado no sabe amar.

Un hombre o una mujer que experimenta maltratos, gritos, insultos y permite aquello creyendo que ama mucho, está equivocado, ese hombre o mujer no sabe amar. Un padre que permite que sus hijos le maltraten desde pequeños y no los corrige con amor, no sabe amar; porque el amor según Dios tiene que estar estructurado dentro del modelo de amor divino y no ser movido simplemente por los sentimientos que la persona experimenta.

En la relación de noviazgo debemos manifestar el amor como se concibe en la Biblia y no como lo enseña la sociedad. Por lo tanto, ese amor que proyecta el mundo y que incluye pasiones desordenadas, lujuria, excitación y relación sexual sin casarse no es parte del propósito de Dios para el noviazgo.

Concepto de sexualidad

No es de extrañarse que el mundo defina la sexualidad de una manera muy distinta a la Biblia. Es lógico entonces preguntarse: ¿Qué es para el mundo la sexualidad?

Estela y Ricardo me dieron algunas evidencias de cuán erróneos conceptos tenían. Tristemente es el concepto equivocado sobre la intimidad que tienen muchas personas. La gente, especialmente los jóvenes, casi siempre creen que intimidad es lo mismo que sexo. Al iniciar su proceso de asesoramiento, esta pareja me habló acerca de los conflictos serios que tenían en su relación conyugal. Ricardo se lamentaba de tener muchos problemas en otras áreas de su relación conyugal, pero tenían una excelente vida sexual. ¿Cómo puede una pareja tener un enredo emocional, serios conflictos y mezclada con ella, una excelente vida sexual? Eso es imposible, a menos que pienses que la vida sexual se limita al encuentro de cuerpos y la satisfacción en la relación carnal. Sin embargo, la vida sexual saludable de una pareja es mucho más que eso. Estela y Ricardo no tenían intimidad. No del tipo que Dios demanda y que explico en detalle en mis libros *Tesoros de intimidad* y *Sexualidad con propósito*. La intimidad tal como fue establecida por Dios no es un encuentro de cuerpos y alcanzar el clímax en la relación sexual, pues hasta los animales hacen eso.

En el mundo, los jóvenes eligen satisfacer sus pasiones sexuales, según lo que creen, lo que sienten y lo que les gusta. El cristiano debe estudiar y aprender qué es lo que le agrada a Dios. La filosofía mundanal te dice: «Si te gusta una chica, si te sientes bien y enamorada de un muchacho, cuando se vean pueden besarse apasionadamente y excitarse y si ambos están de acuerdo, tengan relaciones sexuales. Háganlo como quieran, donde quieran, a la hora que quieran, a la edad que quieran; sólo protéjanse».

> *El amor que es parte del noviazgo conforme al propósito divino nunca hace lo indebido ni tampoco lo permite. Lo indebido no es lo que no les gusta a los novios, sino lo que le desagrada a Dios.*

Dios dice algo muy diferente. Dios dice a los novios: «Si sientes necesidad de tener relaciones sexuales es normal, pero espera el momento designado. Hazlo cuando estés casado(a)». Entonces, por actuar conforme al diseño del Creador, experimentarás las hermosas consecuencias de una vida de obediencia. Debido a tu obediencia y sujeción al propósito divino, no experimentarás traumas, disfrutarás de paz y prepararás sabiamente tu cuerpo, tus emociones y tu vida espiritual para tener una relación conyugal saludable.

La sexualidad al estilo divino está regida por normas morales, por parámetros sabios que permiten que ambos cónyuges desarrollen su vida emocional y espiritual con sabiduría. Es cierto que alguien puede tener satisfacción sexual con un extraño que nunca ha visto ni conoce y tienen una noche de placer. Un hombre puede meterse con una prostituta y tener satisfacción; una chica y un chico, sin casarse pueden tener relaciones sexuales y experimentar satisfacción; pero delante de Dios, el noviazgo, la sexualidad, las relaciones conyugales deben ser basadas en valores absolutos y bajo estrictas normas de alta moralidad bíblica. El noviazgo con propósito divino ocurre cuando se realiza de la forma, en el tiempo y bajo las leyes de Dios.

Concepto de noviazgo

Para el mundo el noviazgo es una relación amorosa que se da entre un hombre y una mujer, aunque ahora, también quieren incluir la relación entre un hombre y otro hombre, o una mujer y otra mujer. De acuerdo a la filosofía del mundo, el noviazgo es la relación entre dos personas que se aman y no necesariamente con la intención de determinar si esa persona sería una candidata a formar una relación conyugal. Hoy muchos novios practican relaciones sexuales y no necesariamente están dirigiendo su relación hacia un compromiso matrimonial. Lo hacen porque creen que es parte de la relación de noviazgo.

Para los cristianos, el noviazgo debería ser esa relación amorosa basada en el amor divino. Debe ser esa etapa previa a la vida matrimonial que se desarrolla entre un hombre y una mujer con el fin de determinar si se unirán o no en una relación conyugal. Si esa relación se da dentro de los márgenes bíblicos y de acuerdo a los propósitos que menciono más adelante, nunca dejará heridas. Si se desarrolla conforme a la más alta moralidad y a los más altos preceptos bíblicos no necesariamente es una relación que se inicia con el propósito de casarse, sino una que se comienza para determinar si deben o no casarse.

El noviazgo que se desarrolla conforme a la más alta moralidad y a los más altos preceptos bíblicos no necesariamente es una relación que se inicia con el propósito de casarse, sino una que se comienza para determinar si deben o no casarse. El noviazgo con propósito divino ocurre cuando se realiza de la forma, en el tiempo y bajo las leyes de Dios.

❧ ❧ ❧

El mundo piensa que es una relación amorosa de permanentes encuentros entre dos personas que desean compartir sus sentimientos en esa etapa de su vida, sea que se casen o no. En la sociedad y en la práctica el noviazgo surge del sentimiento que tiene un chico por una chica, o viceversa, que les lleva a tener necesidad de estar juntos, y que les lleva a salir juntos, y a disfrutar juntos de besos, de caricias, de abrazos, incluso de relaciones sexuales prematrimoniales. Otros creen que siempre pueden besarse apasionadamente, acariciar todo su cuerpo, abrazarse apretadamente y por consecuencia, excitarse, sólo que deben evitar llegar al coito. Pero el noviazgo que exalta el nombre de Dios y que permite una relación saludable no está basado en las ideas de la sociedad antigua ni la moderna.

EL CRISTIANO Y LA FILOSOFÍA MUNDANAL

El cristiano no puede salir triunfante ante la presión de la filosofía mundanal si no determina vivir de acuerdo a los principios divinos bíblicos. El cristiano vive en una batalla permanente, pues el mundo es una zona de guerra llena de enemigos que deben ser enfrentados. Si no fuera por las confiables promesas que Dios nos ha dado en las páginas de su Palabra, reinaría un espíritu de fatalismo y viviríamos decepcionados creyendo que perdimos.

En 1 Juan 5.19 se nos advierte que todo el sistema mundanal está degenerado, está en contra de las cosas de Dios. El llamado de Juan es para que entendamos que no somos del mundo, somos de Dios, pero él quiere que también sepamos que vivir en el mundo es vivir en constante batalla con un sistema poderoso, pues todo el mundo descansa bajo el poder del maligno.

El enemigo vencido

Los cristianos deben entender que Satanás es poderoso, pero también que es un enemigo vencido. Juan dice que todo el mundo está sentado en las rodillas de su amo y señor, que es Satanás mismo. Satanás tiene un plan y se mueve de acuerdo a sus procedimientos y es muy efectivo en su trabajo. Satanás puede hacer lo que le da la gana con sus esclavos, pero no con los creyentes. Tú y yo tenemos poder para no dejar dominarnos, y no puede tocarnos sin el permiso de nuestro Amo y Señor. El enemigo sabe que sus días están contados y que solamente tiene la oportunidad de influenciar antes de que llegue su destrucción final.

El enemigo tiene al mundo bajo sus pies, lo lleva en su dirección, y anuncia su plan día tras día. Es un plan impresionante que apela a las personas y que trae satisfacción a la naturaleza pecaminosa. Por eso el noviazgo al estilo mundano es tan popular y atractivo. Su diseñador sabe que apela a nuestra naturaleza caída e incita nuestras pasiones. Por lo atractivo y por lo gratificante que es a nuestras pasiones, este sistema de pensamiento continúa siendo seguido por la mayoría de las personas. El Señor nos asegura que este sistema mundanal depende del maligno.

El mandato divino es no amar al mundo. En 1 Juan 2.15 vemos lo que Dios dice a sus hijos acerca de este sistema mundanal. Nota la clara advertencia para todos los hijos de Dios:

«No améis al mundo, ni las cosas que están en el mundo. Si alguno ama al mundo, el amor del Padre no está en él».

Estas son sólo palabras que suenan bien, a menos que las tomes con seriedad y creas que son mandamientos para ser practicados. El mandato es que dejen de amar este mundo, dejen de obtener la guía para su vida de los medios de comunicación, dejen de guiarse por la vida, las películas y el sistema de pensamiento de los impresionantes artistas de Hollywood. La razón que da el apóstol es clara y sencilla:

«Porque todo lo que hay en el mundo, los deseos de la carne, los deseos de los ojos, y la vanagloria de la vida, no proviene del Padre, sino del mundo. Y el mundo pasa, y sus deseos».

Estas verdades son fáciles de olvidar. Es muy fácil construir nuestros edificios y pensar que existirán para siempre. Es muy fácil construir puentes, creyendo que permanecerán eternamente. Es muy fácil creer que podemos tener relaciones fuera del propósito de Dios y creer que perdurarán. Juan advierte con seriedad máxima:

«El mundo pasa, y sus deseos; pero el que hace la voluntad de Dios permanece para siempre».

Quienes se someten a la voluntad divina tendrán resultados muy diferentes de los que se rebelan contra el propósito de Dios. Pero la tarea no es fácil, ni nos granjeamos muchos amigos cuando intentamos vivir en este mundo en contra de la corriente. Observa lo que dice el apóstol en San Juan capítulo 15, comenzando con el versículo 17. En este pasaje, Jesucristo está con sus discípulos, muy pronto será arrestado, tendrá que pasar por ese juicio final, y será crucificado en el Calvario. Entonces con gran sabiduría les deja un mandamiento que orientará a sus seguidores sobre cómo vivir mientras Él esté ausente. Jesús les dice:

«Que os améis unos a otros. Si el mundo os aborrece, sabed que a mí me ha aborrecido antes que a vosotros».

No te decepciones ni te confunda si te ven como extraño en este mundo. Ni siquiera te ilusiones pensando que al tratar de tener un noviazgo al estilo divino serás aplaudido, amado, respetado y animado. El mundo odia los principios divinos, odia los valores absolutos, odia el estilo de vida cristiano y lo define como ultra conservador, anticuado y caduco. Jesús dijo que lo que podemos esperar del sistema mundanal y sus adeptos es ser odiados, porque el mundo odia al Señor Jesucristo, y si estamos aliados con Él, también seremos odiados. Quisiera hacerte una pregunta: ¿Cuándo fue la última vez que un novio excitado te odió cuando pretendía seducirte? ¿Cuándo fue la última vez que fuiste despreciado por tus amigos debido a tus valores cristianos? Si has tenido una relación tras otra en la que has participado de encuentros lujuriosos, seguramente no has sido odiado por tu alta moralidad y compromiso con la pureza, sino por la expresión pecaminosa no controlada. Si tu estilo de vida está de acuerdo con el sistema mundanal seguramente tus amigos, novios o novias ni se dieron cuenta que perteneces a otro reino. Jesús dice que el mundo nos odiará porque lo odiaron a Él también. El versículo 19 dice: «Si fuerais del mundo, el mundo amaría lo suyo; pero porque no sois del mundo, antes yo os elegí del mundo, por eso el mundo os aborrece. Acordaos de la palabra que yo os he dicho: El siervo no es mayor que su señor. Si a mí me han perseguido, también a vosotros os perseguirán; si han guardado mi palabra, también guardarán la vuestra».

¿Qué podemos esperar del mundo? Obviamente debemos esperar que los que propagan ideas abortistas, liberales, homosexuales y pornográficas persigan nuestras ideas y nuestra moralidad bíblica. Eso lo advirtió el Señor durante su peregrinaje terrenal, según dice Juan 16.33:

«Estas cosas os he hablado para que en mí tengáis paz. En el mundo tendréis aflicción».

Pero para que todo esto no nos decepcione, Jesús agregó lo siguiente:

«Pero confiad, yo he vencido al mundo».

Si eres cristiana y has tenido relaciones de noviazgo: ¿Cuándo fue la última vez que un novio excitado te odió cuando pretendía seducirte?

¿Cuándo fue la última vez que fuiste ridiculizado o tratado de poco hombre por una chica que ardía en lujuria y quería tener relaciones sexuales que rechazaste?

El nuevo estilo de vida

Jesucristo nos ordena que seamos diferentes, que nuestro estilo de estudios, de vida, de trabajo, de relaciones también lo sean. Él nos ofrece esta estrategia única en los versículos 13 al 16 y lo dijo sencillamente:

«Vosotros sois la sal de la tierra ... la luz del mundo».

No sólo la sal para el vecindario y la ciudad donde vivimos. Nosotros somos suficiente sal como para salar al mundo entero. No es una luz solamente para alumbrar un barrio, sino suficiente para iluminar a todo el mundo. Nosotros somos la luz del mundo, nadie más. No sólo los estudiantes de seminario, o los que están en la vida ministerial, sino todos, todos los cristianos somos llamados a ser la luz del mundo en todo tipo de relación y área de nuestra vida. Nota que no nos dice: Vosotros podéis ser la sal, o deberías ser la luz. Dice: «Vosotros *sois*». Ni siquiera es necesario orar diciendo: «Señor, hazme realmente sal, o hazme verdaderamente luz», ¡ya lo eres! Frente al odio, frente a la maldad, frente a la persecución del mundo, la estrategia que sirve es sencilla, es ser lo que Dios dice que eres. Debemos sazonar lo desabrido de este mundo e iluminar lo oscuro de la filosofía mundanal, debemos ser la sal y luz de la tierra. Frente al estilo de noviazgo destructivo que el mundo promueve, nosotros debemos tener uno que revele que somos luz que nos impide meternos en las tinieblas de las relaciones pecaminosas y somos sal que nos impide meternos en la corrupción de la falta de pureza.

Nota que Jesucristo nos dice que nuestro estilo puede iluminar y motivar a algunos del mundo a vivir en pureza. Tú, con tu comportamiento cristiano en tu relación de noviazgo, puedes motivar a tu novia a que viva en pureza. Si quieres ver un espectáculo trágico, fíjate en un cristiano que ha sido absorbido por el sistema mundanal y verás cómo la sal pierde su sabor, y se transforma en algo insípido e inútil. Verás que se acerca a la tragedia pues esta sal que estaba llamada a cumplir un objetivo, no está impactando al mundo. Muchos jóvenes se acercan a relaciones matrimoniales trágicas porque no son luz y sal en su noviazgo.

El noviazgo con propósito divino no está basado en la filosofía mundanal que hemos estudiado en este capítulo, ni tampoco en la filosofía personal que estudiaremos en el próximo, sino en los principios y preceptos que Dios nos dejó en su Palabra infalible.

2

LA FILOSOFÍA
PERSONAL

*Es un acto de rebelión querer tener un noviazgo conforme a los
apasionantes deseos humanos cuando estos se oponen a los principios
divinos. Es un acto de desobediencia tratar de hacer la voluntad
de Dios imponiendo mis deseos personales por encima de los
consejos bíblicos.*

Es fácil vivir la vida a mi antojo. Para vivir la vida a mi manera sólo
debo seguir mis anhelos y pasiones, y basado en ellos realizar mis elecciones. Pero vivir conforme al propósito del Creador, no sólo demanda
conocerlo, sino además buscarlo.

Si anhelas cumplir el propósito de tu Creador, te aseguro que tendrás una gran batalla para vivir un estilo de vida conforme a la voluntad divina. Es que en forma natural y automática, los seres humanos
pecadores no podemos cumplir la voluntad divina.

Quien ha decidido que Dios no será importante para su vida y
nunca toma la decisión de someterse al plan que Él tiene para su vida,
no tendrá la lucha que enfrentamos quienes hemos decidido ser cristianos y vivir conforme al diseño y los planes divinos. Los cristianos que
amamos sinceramente a Dios y queremos vivir conforme a su soberana
voluntad, libramos una lucha permanente.

Como no entendemos la voluntad ni los propósitos divinos en
forma natural, necesitamos consultar las Sagradas Escrituras. No existe

otra fuente más segura para entender el propósito de Dios respecto a todo lo que hacemos en la vida, que el consejo bíblico que creemos nos revela la voluntad divina. Tristemente no todos la entienden y muchos no están dispuestos a vivir conforme a esa voluntad superior.

No es difícil darse cuenta que nuestra tendencia natural es hacer las cosas a nuestra manera, pero también es hermoso darse cuenta que existen muchos jóvenes que aman a Dios y hacen serios esfuerzos por vivir conforme al deseo divino. Sin embargo, aun ellos enfrentan un serio problema. Muchos, a pesar de sus buenas intenciones no conocen bien esa voluntad. Las preguntas de muchos jóvenes me han demostrado que muchos no han recibido la instrucción bíblica apropiada. Me escriben pues se dan cuenta que necesitan orientación directa, abierta, honesta, bíblica y sabia. Muchos tienen una excelente intención, pero no muy buena instrucción.

Estoy convencido de que no existe vida más realizada que la que se vive conforme al propósito de Dios, ni más abundante que aquella que se vive conforme a los principios del Creador de la vida. Especialmente nosotros, los cristianos, tenemos la obligación y el gran desafío de tomar decisiones ajustadas a una voluntad diferente a la nuestra. Debemos decidir conforme a la voluntad de Dios pues determinar algo de acuerdo a nuestra voluntad sin asegurarnos que es lo que Dios desea, nos garantiza el error. Nuestra mejor decisión es tomar nuestras determinaciones basados en la voluntad soberana de aquel que nos creó.

LA CONFIANZA EN DIOS: ESENCIAL PARA EL ÉXITO

No hay duda que si confías en Dios, no saldrás defraudado(a). No sólo la Biblia lo asegura, sino que además lo hemos comprobado. No creo que exista persona arrepentida por los resultados obtenidos al hacer la voluntad de Dios. Proverbios 3.5-6 no son versículos para memorizar o admirar, sino para practicar. Su mensaje es claro de entender y difícil de practicar. El proverbista dice:

«Fíate de Jehová de todo tu corazón y no te apoyes en tu propia prudencia. Reconócelo en todos tus caminos y él enderezará tus veredas».

Muchos conocemos estos versículos de memoria. Es fácil entonar cánticos que hablan de confiar en Dios y decir que debemos hacerlo, pero otra cosa es confiar verdaderamente en el Señor en los aspectos prácticos de nuestra vida diaria.

La confianza: Una demanda, no una opción

Dios no dice: Les sugiero que confíen en mí. Él no da la opción de confiar o no a quienes desean vivir conforme a sus propósitos. La demanda es clara: CONFÍA. Confiar es permitir que Él tome el control, es cederle el derecho de que haga lo que quiera. Lo que la Biblia demanda no es una confianza hasta cierto límite o a regañadientes. Más bien somos motivados a hacerlo con todo el corazón, no a medias, no incluyendo mis ideas, o metiendo mis manos. Es confiar sin reservas y sin argumentos en la sabiduría del Creador de la vida. Es confiar en sus mandamientos e instrucciones con respecto a toda mi vida. Debo confiar en sus planes con respecto a mis estudios, al trabajo, al matrimonio, etc. También debo someterme a las determinaciones soberanas que Dios toma sobre cómo deben relacionarse un joven y una señorita que sienten un profundo cariño y que desean tener una relación amorosa.

El peligro: confiar en nosotros

Sin duda, corremos un serio peligro cuando decidimos confiar en nuestra propia prudencia. El peligro es apoyarnos en las muletas que creemos necesarias y el buen soporte que creemos tener. El peligro es creer que lo que hemos aprendido de la sociedad o nuestros padres, es el fundamento que necesitamos para decidir correctamente. El error común que cometemos es querer hacer las cosas a nuestro estilo, de acuerdo a los pensamientos e ideas que hemos adquirido. El peligro es querer hacer lo que Dios quiere, como nosotros queremos.

Es un peligro confiar en nosotros mismos, y es mucho mejor utilizar nuestra sabiduría y prudencia para someternos a la voluntad de Dios. Si lo hacemos así experimentaremos hermosas consecuencias. Uno de los grandes efectos de confiar en Dios es que aprendemos a vivir con sabiduría, a tomar decisiones sabias y por lo tanto, nuestros caminos serán rectos. Cuando por nuestras decisiones erróneas hemos torcido nuestro camino, confiar en el Señor y vivir en obediencia nos ayuda a corregir el sendero erróneo que hemos tomado. El camino áspero y desviado que tomamos será corregido por uno suave, recto y de acuerdo a la voluntad soberana que Él ha diseñado. No debemos confiar en nuestras propias ideas por prudente que las creamos. Debemos decidir seguir los valores y principios divinos para que independientemente de los resultados que tengamos en nuestras relaciones, tengamos la paz y la tranquilidad que resultan de amar a Dios, vivir en obediencia y con profundas convicciones.

Debemos decidir seguir los valores y principios divinos para que independientemente de los resultados que tengamos en nuestras relaciones, tengamos la paz y la tranquilidad que resultan de amar a Dios, vivir en obediencia y con profundas convicciones.

Otro mandato que aparece en estos proverbios es reconocer al Señor en todo lo que emprendemos, en todo lo que queremos decidir. Cuando reconocemos que Él es mejor que nosotros, que es más sabio, que entiende mejor el noviazgo, que sabe mejor cómo lidiar con las tentaciones, entonces aprendemos también a tener confianza en sus principios y mandatos. Tener confianza es reconocer que Él tiene la fuerza, la sabiduría, que está encargado del asunto y sabe cómo resolverlo. Es reconocer que Dios nos ama lo suficiente como para decretar nuestro bien. Quienes amamos a Dios, debemos estar seguros que Él es el diseñador de todo y por lo tanto, sí conoce cómo debemos vivir.

Cuando cumplimos nuestra parte, el Señor se encarga de hacer lo que determina. Cuando hacemos las cosas a nuestra manera, Dios no nos obliga, más bien nos permite utilizar nuestra capacidad de decisión y también vivir las consecuencias de nuestra rebelión.

Cuando queremos tener un noviazgo, un matrimonio, ser padres, hijos o madres a nuestra manera, no sólo actuamos en desobediencia sino que seremos expuestos a las consecuencias de nuestra elección errónea.

LA VIDA A LA MANERA DE DIOS: ESENCIAL PARA NUESTRA REALIZACIÓN

Es imposible vivir en desobediencia a Dios y vivir realizado. Tener un noviazgo conforme al propósito divino, demanda obediencia y no es una tarea fácil. Es obvio, somos seres humanos y nos encanta vivir conforme a nuestros deseos. Lo triste es que estos no siempre son iguales a los deseos y planes divinos. Los nuestros están influenciados por la mentalidad humanista de este mundo. Nuestra concepción del matrimonio, del noviazgo, de la paternidad y la maternidad fluye en forma natural de acuerdo a nuestro conocimiento y experiencias, pero nuestra forma de pensar sobre la vida no es la misma que la concepción divina. Como expliqué en detalle en capítulos anteriores, el cristiano experimentará una batalla en su mente. Sus ideas, las que otros le han comunicado, las de la filosofía humanista, se enfrentarán diariamente a los nuevos conceptos que el cristiano debe ir aprendiendo mientras va alimentándose de la comida nutritiva que le presenta la Palabra de Dios. En esa mente existirá una constante presión para dejarse guiar por los deseos naturales, pero la voluntad divina y sus propósitos sólo se pueden cumplir cuando tomamos la firme determinación que nuestra vida se sujetará a la voluntad de Dios a pesar de nuestros gustos.

Para Dios no existen sorpresas. Él ha planificado todas las cosas y nada ocurre por casualidad o coincidencia. Todo ha sido planificado sabiamente y es parte de su soberana voluntad. Tristemente muchos hablan de la voluntad de Dios, pero pocos comprenden lo que ella significa. Muchos se sienten confundidos por no conocer la voluntad y otros dicen que quieren hacerla, pero lo que conocen de la voluntad divina, no lo hacen. Hay quienes saben que la voluntad de Dios rechaza todo acto de violencia y abuso en la vida familiar, pero en sus familias practican la violencia. Hay quienes entienden que la voluntad de Dios es que las relaciones sexuales se practiquen conforme al propósito soberano del Creador y exclusivamente en la vida conyugal, pero a pesar de ello, tienen relaciones sexuales prematrimoniales.

La verdad es que todos los cristianos tenemos una lucha permanente y tendemos a hacer nuestra voluntad. Muchos conocen que Dios manda que ninguna palabra corrompida salga de su boca, pero sus conflictos los enfrentan con maldiciones e insultos. ¿Hace la voluntad de Dios quien sabe que no debe maldecir y maldice?

A pesar de lo mucho que se habla acerca de la voluntad de Dios, he descubierto que en la realidad no todos los cristianos están dispuestos a cumplirla en alguna área de su vida. Decimos que queremos hacerla, pero nuestro gran interés se apaga cuando va en contra de lo que tanto anhelamos. Vivir de la manera que Dios quiere no es ni fácil ni natural porque casi sin excepción exige que nos salgamos de nuestra zona de seguridad, que abandonemos muchos de nuestros gustos, deseos, corramos serios riesgos y hagamos serios ajustes y cambios.

La maravillosa voluntad divina

En muchos lugares y por distintos medios, la gente que es sincera e intenta vivir conforme a la voluntad divina, me hace preguntas como estas:

- ¿Qué es y qué no es la voluntad de Dios?
- ¿Cómo podemos conocerla?
- ¿Cómo reveló Dios su voluntad en los días bíblicos?
- ¿Existe alguna diferencia en cómo revela su voluntad hoy día?
- ¿Puedo tener la seguridad de que estoy en la voluntad de Dios, o siempre es cuestión de andar a tientas?

Aunque no explicaré en detalles el asunto del propósito de Dios y su voluntad pues lo desarrollo extensamente en otro libro sobre este tema, deseo que comprendas que tener un noviazgo con propósito demanda que conozcamos la voluntad divina para esta etapa de la vida.

De la misma forma que en la Biblia no dice «No fumar», pero al estudiar los principios divinos sobre la mayordomía del cuerpo nos damos cuenta que no debemos hacerlo, tampoco se nos explica en detalles qué debe hacer el joven cristiano para desarrollar su noviazgo. Sin embargo, existen principios y mandamientos claros que surgen cuando armamos el rompecabezas y podemos entender el propósito divino en esa necesaria relación prematrimonial.

La extraordinaria voluntad divina

La voluntad de Dios es el propósito de Dios para las cosas y las personas. Para desarrollar nuestra vida conforme a los planes divinos es imprescindible conocer su voluntad. Nadie puede cumplir el propósito de algo si no lo conoce. Nadie puede tener un noviazgo con propósito si no conoce cuál es el objetivo de Dios en la relación amorosa entre un hombre y una mujer y que se inicia antes del matrimonio.

Dios no nos da detalles sobre cómo tener un noviazgo saludable, pero en la Biblia nos da claros principios para establecer una relación que cumpla los planes divinos. No puedes tener un noviazgo conforme al propósito divino si no estudias ni comprendes la revelación divina.

La verdad es que debo admitir que sé mucho menos respecto a la voluntad de Dios que lo que quisiera y debiera saber, pero en los últimos años he estudiado lo suficiente sobre ella como para compartir con seguridad algunos pensamientos con buen fundamento bíblico. Nunca nadie me enseñó con respecto a la voluntad de Dios. He escuchado muchos sermones en que se me dijo que tenía que vivir en ella, que tenía que buscarla, que Dios tiene una voluntad para mi vida, que viviría las consecuencias si determinaba rechazarla, pero nunca me enseñaron qué significa ni cómo podía conocerla. Debo decir que también me sorprende la gran cantidad de cristianos que dice no conocer la voluntad divina para muchos aspectos de su vida.

Es interesante que acostumbremos usar palabras que se refieren a la voluntad de Dios con frecuencia, aun sin saber mucho de ella. Creo que todos los cristianos anhelamos vivir en su voluntad, pero es desesperante y peligroso que sepamos tan poco de ella.

Si tienes en tus manos este libro sobre el propósito de Dios para el noviazgo, es indudable que tu anhelo sincero es vivir tu vida conforme al deseo de Dios. Por ello quiero ayudarle a entender algunas cosas clave con respecto a la maravillosa voluntad divina.

La voluntad determinada de Dios. Primero, debes entender que existe una VOLUNTAD DETERMINADA. Esta incluye lo que Él ha decretado que debe ocurrir y que no puede ser modificado o cambiado. Es una voluntad predestinada, es eterna, no puede ser cambiada e impedida. El énfasis está en la soberanía de Dios y su propósito es glorificar a Dios. Él determinó que la salvación sea por gracia y nadie puede cambiar su decreto. Dios determinó que el hombre muera como producto de su pecado y que la redención fuera posible mediante la muerte de un cordero sin mancha llamado Jesucristo, y nadie puede cambiar ese decreto pues es su voluntad determinada.

La voluntad revelada de Dios. En segundo lugar, existe LA VOLUNTAD REVELADA. Dios ha decidido que los seres humanos no queden en las tinieblas ni se imaginen cómo deben vivir para disfrutar de una vida y relaciones saludables. Él ha dejado directrices divinas que deben gobernar las actitudes y el estilo de vida de los creyentes y las ha dejado reveladas claramente en las Sagradas Escrituras. Dios determinó que el matrimonio sea entre un hombre y una mujer y nadie puede cambiar ese decreto sin sufrir las consecuencias. Dios revela en su Palabra que el hombre y la mujer deben tener una relación fiel y que quienes elijan el adulterio están en contra de su voluntad y sufrirán las consecuencias. Ir en contra de esa voluntad es una rebelión que Dios castiga. Dios revela en su Palabra todo lo que creyó necesario para que desarrollemos nuestra vida conforme a su voluntad. El énfasis recae en la sabiduría de Dios y el propósito es el bienestar del hombre y que este glorifique a Dios. Dios revela en su Palabra los principios y preceptos que regulan la relación prematrimonial y es un acto de rebelión darle un diseño humano y a nuestro gusto, cuando eso quebrante la voluntad divina.

La voluntad específica de Dios. También existe LA VOLUNTAD ESPECÍFICA. Esta incluye el deseo único de Dios para cada creyente en particular. Es la voluntad específica para tu vida e incluye tus relaciones y vivencias, los asuntos diarios y corrientes, tu educación, carrera, cónyuge, hijos, ministerio, etc. Esta voluntad requiere de nuestra cooperación, es limitada y temporal, puede que ocurra o puede que no ocurra y puede ser evitada. El énfasis de este aspecto de la voluntad divina yace en la responsabilidad humana y su fin es la realización del hombre y que por ello glorifique a Dios.

La voluntad específica la descubres al conocer y obedecer la voluntad revelada en su Palabra (Romanos 8.27; 12.1-2), al esperar y discernir la guía del Espíritu Santo (Juan 16.13). También la conocemos esperando que Dios nos mueva hacia su voluntad (2 Corintios 7.9-10; Efesios 1.1; Colosenses 1.1; 2 Timoteo 1.1) al buscar la guía, la paz y sabiduría mediante la oración con un corazón sumiso (Salmos 25.4; 31.3-4; 40.6-8; 43.3; 48.14; 73.23; 139.9-10; Proverbios 3.5-6; 4.10), y al aplicar y recibir la sabiduría que nos entregan otros líderes sabios en el proceso de tomar decisiones (Proverbios 20.5; 27.17,19; Romanos 15.14; Tito 2.3-5; Colosenses 3.16.)

Es esto precisamente lo que quiero que entiendas con respecto al noviazgo. Este, así como las relaciones sexuales, la elección de líderes en una iglesia, la crianza de los hijos y todo lo que implica la vida de una persona, no debe ser producto de la imaginación humana, sino el resultado de la aplicación de la voluntad divina. Por ello deseo que entiendas que hay un propósito maravilloso en la relación amorosa entre un hombre y una mujer, y que es posible conocerlo pues el mismo Dios que nos ordena vivir de determinada manera es quien nos dará las directrices necesarias para poder vivir conforme a su deseo.

Si Dios determinó el propósito de algo, también estableció la forma como puede conseguirlo. Dios diseñó las relaciones entre un hombre y una mujer, y también es Él quien exige que actuemos con obediencia a los mandatos que nos permitirán vivir con excelencia.

❦ ❦ ❦

Los principios divinos y la decisión humana

Si eres un joven que anhelas hacer la voluntad de Dios en tu noviazgo, estás en un momento maravilloso de tu vida. En realidad hubiera querido tener el privilegio de estudiar profunda y bíblicamente el tema, pero los consejos bíblicos y directos no eran muy comunes hace algunos años. Es por ello que en mis conferencias y libros he decidido no sólo escribir con claridad y sencillez, sino también orientar en forma directa y bíblica.

Creo que es esencial que en tu mente queden algunos principios importantes que te ayudarán a tomar la relevante decisión de tener un noviazgo que cumpla el propósito de Dios aunque no todas las expectativas te agraden. Mientras lees y para toda la vida, recuerda estos principios:

Primer principio:
Dios crea todo con propósito, incluyendo el noviazgo.

El mundo, cada ser humano, cada parte de nuestro cuerpo, todo ha sido creado con un propósito maravilloso. Dios tiene en mente tu bien y el mío, y desea que cumplamos el objetivo de las cosas para nuestro bien. Dios nunca tiene en mente nuestro mal; por eso ordena y entrega mandamientos, nos deja su Palabra y aun nos disciplina cuando nos rebelamos. Porque Dios hace todo con propósito es que cuando lo cumplimos, no sólo alegramos su corazón, sino que también vivimos una vida de contentamiento y realización.

Cuando el individuo determina vivir a su estilo, a su manera, tomar decisiones por sí mismo con respecto a su noviazgo, con respecto a su matrimonio, a su profesión, a su salud, o concerniente a la mayordomía de su cuerpo, sentirá que disfruta momentáneamente, pero su final será desastroso. Cuando tomamos decisiones que no están de acuerdo con la voluntad divina, inclusive cuando tomamos decisiones pecaminosas, es posible que disfrutemos por un momento, pero las consecuencias serán terribles. Podemos tomar la decisión de tener relaciones sexuales antes del matrimonio y disfrutarlas al máximo, pero tarde o temprano nos alcanzará la disciplina divina.

Somos creación divina con propósito. Dios creó el mundo con objetivos y creó a cada ser humano con uno específico, lo sepamos o no. El profeta Jeremías no lo entendía. Cuando Dios le mostró con claridad su voluntad, este profeta elegido por Dios manifestó su desconocimiento de la forma como trabaja Dios. Observa lo que dice esta historia bíblica:

«Vino también en días de Joacim, hijo de Josías, rey de Judá, palabra de Jehová.

Vino, pues, palabra de Jehová a mí, diciendo: Antes que te formase en el vientre».

Dios dice a Jeremías: «Tú eres parte de mi plan. Eres el resultado de un propósito maravilloso. Antes que te formase, yo tenía un propósito para ti». Ni la vida de Jeremías ni la tuya fue resultado del mal cálculo de tus padres. Dios te formó y lo hizo con un propósito. Vives y estás leyendo este libro, y tendrás un noviazgo o nunca te casarás, porque Dios así lo determinó. Naciste en el país que naciste porque Dios así lo designó. Tienes los padres que tienes, el sexo que tienes porque Dios lo determinó. Tiene los ojos que tienes por Dios, la mente que tienes por Dios, la inteligencia que tienes por Dios. Todo lo que tienes, fue producto de la voluntad soberana de Dios y no de la casualidad o de la evolución. Eres producto de una mente pensante, la maravillosa mente divina. Por eso Dios le dice a Jeremías: «Antes que te formase en el vientre yo te conocí. Y antes que nacieses te santifiqué. Te di por profeta a las naciones».

Él te creó con un propósito personal. Dios me dice a mí lo mismo que a Jeremías y que a ti: «David, antes que te formase en el vientre de tu madre yo te di la vida, yo te formé, yo te conocí, yo tenía conocimiento de tu existencia. Cuando ni siquiera tus padres pensaban en casarse, tú estabas en mi mente; y te elegí para que vivas una vida con propósito y para que disfrutes de la satisfacción de cumplir la razón de tu existencia».

Dios me dice: «David, si hubieras sido lo que querías ser. Si hubieras sido un hombre de negocios, un cadete de la Escuela Naval de la armada chilena. Si hubieras sido lo que querías ser, serías el hombre más infeliz del mundo. Es cierto que no querías ser pastor, es cierto que no querías seguir los pasos de tu padre; por eso tuve que convencerte, mostrarte que cualquier otro camino significaría para ti insatisfacción. Yo te elegí, yo te formé, yo te di talentos, yo te di los dones que necesitabas. Es cierto que tienes que desarrollarlos y cumplir con excelencia tu responsabilidad, pero he sido el diseñador de tu vida; y no serás feliz, a menos que hagas lo que diseñé que hicieras».

Esa es la razón porque soy feliz y porque tengo pasión por lo que hago. Esa es la razón de mi contentamiento. Es que como Dios me creó con el propósito de ayudar a las personas a conocerle a Él, a amarle, a amar a sus familias y desarrollar su potencial, mi satisfacción viene de hacer aquello para lo cual fui creado.

Por supuesto que no siempre he pensado así. Cuando vivía al sur de Chile, en una pequeña ciudad llamada Punta Arenas, en la punta de Sudamérica, nunca pensé que Dios haría conmigo lo que hizo. Nunca me hubiera imaginado que yo, un muchacho flaco, lleno de temores, hijo de un pastor, de una familia con pocos recursos iba a convertirme en una fuente de recursos para otros. Nunca me imaginé que Dios me llevaría hasta el lugar que me ha llevado. Nunca me lo imaginé. Nunca pensé que me presentaría frente a miles de personas y que millones recibirían las enseñanzas que comparto por medio de la radio. Nunca pensé que el propósito maravilloso de Dios para mi vida era usarme para formar la vida de mis radioescuchas, de mis lectores y de quienes están relacionados conmigo. Nunca me imaginé que Dios me daría los dones y talentos necesarios para enseñar a otros a vivir bien, a ser felices, a ser sabios en su paternidad y a desarrollar una maternidad con fundamento bíblico. Pero, antes que naciera, Dios había determinado que publicara este libro para que tú entiendas el propósito de Él en cuanto a una relación que cuando se desarrolla conforme al deseo divino es hermosa y constructiva, y cuando se realiza conforme a las ideas humanas puede convertirse en una destructiva.

El propósito de Dios para mi vida es diseño del que creó mi vida. El propósito es la intención inicial del Creador. El propósito de Dios es la intención original de aquel que creó algo. Es la determinación de una voluntad que planificó conseguir un fin. Dios quería conseguir un fin contigo en este mundo. Dios desea que la mayoría nos casemos. Él diseñó la relación matrimonial para que cumpla su propósito soberano y también desea que la relación previa al matrimonio esté basada en sus principios y valores.

Dios te creó con una intención. Dios quiere conseguir un fin con tu vida. Dios planificó que tu nacimiento, niñez, adolescencia, juventud y también tu noviazgo cumplan el propósito que sabiamente diseñó. ¿Crees que Dios es omnipotente, omnipresente, omnisciente? Eso enseña la Biblia. Dice que Dios tiene contados los cabellos de nuestra cabeza y que nada ocurre sin su orden. Por lo tanto, sin su voluntad no se cae ni una hoja de un árbol. Él te puso en este mundo.

El Dios que te puso el deseo de tener amigos, relaciones sexuales, y casarte, es el mismo que quiere que tengas un noviazgo de acuerdo a su diseño.

El propósito es la razón original que tuvo el Creador que determinó la existencia de algo. Es la meta final de un proceso. Es la aspiración maravillosa de una inspiración grandiosa. Dios se inspiró para crearte. Es como la concepción artística de un individuo, que se sienta para tocar su piano y le sale una composición extraordinaria. El músico se inspiró y creó una canción maravillosa. El artista que pinta un cuadro, se inspiró y pintó una escena extraordinaria. Así también tú eres la aspiración maravillosa de una inspiración grandiosa.

Me alegra que hayas determinado saber cuál es el propósito de Dios para tu noviazgo pues tienes el gran anhelo de conocer más profundamente a Dios y sus designios soberanos. Ningún individuo superficial puede descubrir la profundidad de los propósitos divinos.

Hiciste bien al pensar que las relaciones interpersonales no deben ser resultado de un encuentro casual ni las acciones de un deseo pasional humano. Hiciste bien al pensar que el noviazgo no puede ser asunto del azar. Dios no hace nada al azar. Tu noviazgo, tu matrimonio, tu paternidad, tu maternidad, tu vida íntima, tu vida sexual, la disciplina de sus hijos... todo tiene propósito. Siempre que actuamos fuera del propósito de Dios estamos equivocados, sufrimos.

Todo lo que tiene propósito tiene potencial. Dios le asignó un objetivo a tu vida y te dio el potencial para cumplirlo. Dios le asigna uno al noviazgo y nos da el potencial para cumplirlo. Dios no demanda lo que no podemos cumplir. Me alegra que desees conocer el propósito de Dios y entiendas que Dios demanda que hagamos todo conforme a su diseño.

❧ ❧ ❧

Todo hijo de Dios puede tener un noviazgo al estilo divino, aunque requiera de un gran esfuerzo humano, pues cuando Dios le asigna propósito a algo, también nos demanda que lo cumplamos y Él nunca demandaría enfáticamente algo que no podemos cumplir con eficiencia.

❧ ❧ ❧

Él ordena que tengamos un noviazgo de acuerdo a su diseño porque nos ha dado la capacidad y la revelación necesarias para cumplir sus demandas. Él siempre nos da el potencial de cumplir lo que demanda. El potencial es una de las características esenciales para cumplir el propósito de su creación. Dios nos dio la inteligencia, nos ha dejado su revelación, nos ha dado líderes, nos ha dado sentido común, nos ha dado su Espíritu para que cumplamos su propósito. El potencial es el recurso disponible para cumplir nuestra misión en este mundo. Puedes tener un noviazgo al estilo divino, puedes tener un noviazgo con propósito, porque Dios nos ha dado el potencial para poder tenerlo. El potencial es la energía disponible, y aún no utilizada, colocada en nosotros por el Creador. Potencial no es aquello que ya hiciste, es algo que aún no has hecho, aquello que todavía está guardado dentro de tu corazón y que eres responsable de sacarlo.

Segundo principio:
El hombre tiende a degenerar los propósitos divinos,
incluso el de las relaciones interpersonales.

No experimentaríamos el dolor que sufrimos si nos relacionáramos conforme a las demandas de Dios, pero el hombre es un experto en degenerar los propósitos divinos. La naturaleza pecaminosa nos motiva a lo erróneo. Tú y yo lo sabemos bien. Por eso las cosas prohibidas son tan llamativas, por eso es tan fácil actuar en desobediencia. Es más fácil desobedecer que obedecer. Es más fácil querer tener un matrimonio a nuestro gusto, ser un hombre a nuestra manera, ser una mujer a nuestro estilo, ser un hijo como le da la gana, que ser un hijo, un padre, una madre a la manera de Dios. Es más fácil hacer las cosas a nuestra manera que a la de Dios porque la naturaleza pecaminosa nos motiva a hacer lo que satisface nuestras pasiones aunque sea en contra de nuestras convicciones.

Tristemente, los hombres somos expertos en tergiversar los propósitos divinos. Dios no se equivocó cuando creó las uvas, fue el hombre quien decidió utilizarlas para emborracharse. Dios no se equivocó cuando creó el sexo. Las relaciones sexuales son encuentros maravillosos en los que puede existir gran comunicación, maravillosa intimidad y la mayor cercanía que puede tener un hombre con una mujer. Sin embargo, el hombre es experto en salirse del propósito original de Dios. Él dijo: «La relación sexual es para el matrimonio». Los jóvenes de hoy dicen: «Sí, te creo, Dios, pero esta pasión que siento, ¿quién puede dominarla?» El joven piensa: «Cuando tengo relaciones sexuales fuera del matrimonio las disfruto, tengo gran excitación, siento gran satisfacción, ¿por qué razón no debo practicarlas? ¿Cuál es la diferencia entre hacerlo fuera o dentro del matrimonio?» Por supuesto que existen grandes diferencias. El tener relaciones sexuales con tu cónyuge es el orden divino, es esencial para cumplir el propósito de Dios. Mantener relaciones sexuales fuera de los vínculos matrimoniales es un acto de rebelión que se sale del propósito del Creador. Dios creó las relaciones sexuales para que ocurran dentro del matrimonio y existen tristes consecuencias cuando actuamos en rebelión como producto de nuestra pasión. Nadie que determine salirse del propósito de Dios puede vivir sin consecuencias.

La presión de la sociedad

Tendemos a salirnos del propósito de Dios porque somos influenciados por la mentalidad predominante en la sociedad. Ya vimos en capítulos anteriores cómo influye la sociedad con conceptos equivocados. Todo presidente que firme una ley que prohíba el aborto, todo político que vote en contra del matrimonio entre homosexuales, recibirá constantes ataques y ridiculización. El mundo presenta un gran frente de ataque contra el cumplimiento del propósito de Dios. Los empresarios homosexuales aportarán grandes cantidades de dinero para apoyar a cualquier político que consienta sus intentos porque les sigan permitiendo sus desviaciones sexuales, aduciendo que son sus inclinaciones naturales y sus derechos. Es ese sistema de pensamiento el que comienza a permear la sociedad y a influenciarnos utilizando los medios de comunicación así como los políticos lo son para imponer sus conceptos equivocados. Ellos quieren presionarnos para que pensemos que hay un tercer sexo. A ellos no les importa el concepto bíblico de la paternidad, la idea divina de la maternidad, no les importa ni creen que es malo que los hijos sean criados por dos hombres o dos mujeres. Simplemente quieren imponer sus creencias humanistas motivadas por sus pasiones naturales. De la misma manera los jóvenes han sido bombardeados con ideas de cómo deben tener un noviazgo. Los jóvenes cristianos deben entender que ese tipo de mentalidad es antimoral, anti-dios, anti-vida y totalmente destructiva.

✿ ✿ ✿

Siempre que los hombres decidimos romper el propósito divino porque preferimos actuar por nuestras pasiones, sufrimos las consecuencias de nuestras acciones erróneas.

✿ ✿ ✿

Tercer principio:
La ignorancia siempre nos prepara para cometer
los más serios errores.

Nadie que ignora hace algo acertado. Quien no conoce el propósito de algo, siempre que lo use cometerá un error. Si no sabes nada de mecánica, ¿cómo puedes hacer algo acertado? Los que no sabemos nada de mecánica, cuando se daña nuestro automóvil, abrimos el capot, nos metemos a mover los cables que hay allí, y esperamos para ver si funciona. Movemos por aquí, movemos por allá y nada sirve pues no sabemos nada de mecánica.

Si en determinada área de tu vida vives en ignorancia, nunca vas a hacer lo correcto. Si no sabes lo que es ser un padre, si nunca te enseñaron cómo ser un esposo sabio, si no sabes cómo disciplinar a tus hijos bíblicamente, no estás capacitado para hacer lo correcto.

Muchos jóvenes están cometiendo serios errores en sus relaciones de noviazgo porque ignoran el propósito divino para esta importante temporada prematrimonial. No se puede tener un noviazgo conforme a lo que Dios espera de nosotros si ignoramos lo que debemos o no debemos hacer en este periodo. Al azar no se puede tener un noviazgo con propósito. A pesar de las mejores y buenas intenciones, podemos cometer las más serias equivocaciones.

No sólo las malas intenciones, sino también la ignorancia nos llevan a cometer severos errores. Si no sabes para qué es el noviazgo y su práctica es reunirse con tu chica o con tu novio, acariciarse todo el cuerpo, besarse con pasión y excitarse lentamente, entonces estás pensando como piensa el mundo sin Dios. Vives en ignorancia de los principios divinos y sufrirás las consecuencias de hacer algo erróneamente.

No se puede tener un noviazgo conforme al propósito divino al azar o en forma natural. Cuando ignoramos cómo debemos desarrollarlo, a pesar de las mejores y buenas intenciones, podemos cometer las más serias equivocaciones.

Si crees que el noviazgo es salir con un muchacho por un tiempo y estar con él mientras se siente bien y mientras te emociona su compañía; si crees que el noviazgo es salir con una chica, pasar tiempo con ella y disfrutar de la relación mientras su compañía te motiva, emociona, excita y apasiona, entonces no has entendido el propósito de Dios para esta importante relación. Por eso los jóvenes cristianos deben investigar profundamente la Palabra de Dios, que es el consejo de Dios, y salir de la ignorancia que tienen con respecto a los valores divinos.

Redefiniciones imprescindibles

Debido a que todo lo que hace un cristiano debe cumplir el propósito divino, y debido a que la mentalidad de la sociedad tiene profunda influencia y debido a que en forma natural somos movidos por nuestras pasiones y no podemos conocer el propósito divino, es indispensable que salgamos de la ignorancia y aprendamos el objetivo divino para las relaciones humanas. Uno de los problemas que debemos solucionar es la definición errónea que tenemos de los términos. Hemos aprendido acerca de lo que es amor, noviazgo, matrimonio, paternidad y muchas otras cosas más, basados en las definiciones que nos ha entregado la sociedad. Es la sociedad la que ha definido el amor. Es la sociedad la que ha definido la sexualidad y el noviazgo y en esas definiciones, en esa comprensión de lo que eso significa, basamos nuestras acciones. Por ello es indispensable que aprendamos a redefinir los términos y entendamos los conceptos basados en las ideas divinas expresadas en la Biblia. Es obvio, quien tiene un concepto humano erróneo del amor, creerá que ama, pero no ama como Dios demanda. Por ello dediqué parte de un capítulo para redefinir los términos y ahora eres tú quien tiene que determinar que con las explicaciones recibidas y basadas en la revelación bíblica, cambiarás las concepciones de tu mente para que nada obstaculice tu deseo de tener un noviazgo conforme al propósito divino. Esa debe ser tu decisión y no existe otra forma de cumplir esta tarea sino determinando que tus conceptos cambiarán para que tus acciones mejoren.

Escribí el libro *Cartas a mi amiga maltratada* porque me informé de lo terrible y común de la violencia doméstica. Me parecía increíble que me escribieran mujeres que no querían separarse de sus esposos, aunque estos eran violentos y adúlteros, y justificaban su permanencia en esa relación enferma, por el profundo amor que alegaban sentir. Esas mujeres no sabían amar. Su concepto y su definición de la palabra amor era totalmente equivocado y por eso sus acciones eran erradas. Siempre ocurrirá lo mismo. Una mala definición de los términos nos motiva a acciones erróneas. Estoy convencido que muchos jóvenes están cometiendo serios errores que les producirán tristes consecuencias, no porque quieren vivir en desobediencia y rebelión sino porque por ignorancia no pueden hacer lo correcto.

Es mi deseo que comprendas que siempre que actuamos conforme al propósito divino tendremos resultados positivos. No intento convencerte de mis ideas, deseo con todo mi corazón que entiendas el propósito de Dios para tus relaciones interpersonales y disfrutes de una vida realizada, en vez de sufrir la destrucción. Estoy convencido de que no hay ningún obediente que viva una vida de amargura ni hay ningún desobediente que viva una vida feliz.

3

LA ENCRUCIJADA
DEL NOVIAZGO

*«Todos los que enfrentan la encrucijada del noviazgo tienen que
preparse con inteligencia para poder tomar sus decisiones sabiamente.
El noviazgo es una encrucijada que puede llevarte a una relación
emocionante y constructiva, o a una desesperante y destructiva».*

Después de decidir que aceptarás a Jesucristo como tu Salvador y
Señor, y que la Biblia será tu única regla de fe y de conducta, la decisión más importante que debes tomar antes de casarte es tener un
noviazgo al estilo divino. Espero que el capítulo sobre el propósito de
Dios te haya convencido de cuán importante es cumplir el objetivo de
las cosas y cuán maravilloso es entender que el noviazgo tiene un fin
divino de forma que decidas cumplirlo.

En este capítulo intento convencerte que tener o no un noviazgo
conforme al diseño divino no depende de tus padres, de tu pasado, de
la novia o el novio que elegiste, sino de lo sabio que seas en la comprensión y aplicación de los principios bíblicos.

Tal como ha ocurrido en el pasado y como seguirá ocurriendo toda
la vida, tu caminar por este mundo te llevará por distintos caminos. Te
enfrentarás toda tu vida a decisiones y encrucijadas que te exigirán una
elección. Algunas elecciones serán fáciles y sin mayores consecuencias.
Por otro lado, otras serán difíciles y cualquier error te conducirá a resultados terribles. El noviazgo es una encrucijada que puede llevarte a una
relación emocionante y constructiva, o a una desesperante y destructiva. Tú lo vas a decidir.

G.K. Chesterton, en su famosa obra titulada *Ortodoxia*, escribe acerca de esta obligación de tomar decisiones que enfrenta todo cristiano. Él se dio cuenta de que la vida estaba llena de encrucijadas que exigen grandes decisiones. Nota la sabiduría en sus palabras:

«El cristianismo se concentra en el hombre y sus encrucijadas. La pregunta es: ¿Tiene el hombre que tomar esta ruta o la otra? Eso es lo único en que hay que pensar. Ese instante es realmente abrumador. Ese momento está lleno de peligro».

Sin dudas es un gran pensamiento. Elegir una u otra novia, elegir obedecer a nuestras pasiones o a nuestras convicciones es abrumador, especialmente cuando enfrentamos la encrucijada y no nos hemos preparado para ella. Por ello el escritor llama a las encrucijadas «crisis inmortales».

La vida es un camino que nos lleva por distintas experiencias. Encontramos caminos que nos ofrecen una ruta alterna, pero no siempre es la mejor y no siempre nos conducen a un final apropiado.

En nuestro caminar por los valles, montañas, desiertos y selvas que nos presenta la vida, periódicamente encontramos bifurcaciones. Esas encrucijadas nos exigen tomar una decisión. A veces hallamos dos o más opciones que demandan una decisión. Una de las encrucijadas más importantes de la vida de un joven es la del noviazgo. Frente a todo joven que anhela tener una relación conyugal, existen momentos decisivos que marcarán toda su vida. La elección de la persona con quien compartir toda la existencia es una de las decisiones más importantes.

Aunque cuando estamos enamorados, elegir el novio o la novia parece una determinación fácil pues lo único que debemos hacer es seguir nuestros sentimientos. La verdad es que no es sencillo elegir bien a una persona con quien deseamos pasar toda la vida. Las consecuencias pueden ser desde dolorosas hasta frustrantes, especialmente si se elige mal, si no se tiene sabiduría ni se ha dedicado el tiempo para tomar las decisiones correctas.

Si crees que sin análisis y sin una seria preparación, los seres humanos podemos tomar decisiones correctas, estás totalmente equivocado. No tenemos la capacidad de elegir correctamente en forma natural; así no fluye la sabiduría, mucho menos en la etapa de la juventud o la adolescencia. Esta es una época en que a pesar de todos nuestros intentos por tomar decisiones independientes, no tenemos ni el conocimiento ni la experiencia para elaborar con excelencia. Es paradójico que cuando se deben tomar decisiones tan trascendentes, muchos las tomen de una manera tan elemental.

Debido a que pienso que la preparación es clave, en este libro quiero ayudarte a prepararte. Puesto que conocer la razón del noviazgo y entender lo mejor que podamos el plan de Dios para esta relación es imprescindible, trataré de revelarte lo que entiendo del propósito de Dios.

No tenemos la capacidad de elegir correctamente en forma natural, porque naturalmente no fluye la sabiduría, mucho menos en la etapa de la juventud o la adolescencia cuando es necesario tomar algunas decisiones que tienen gran trascendencia.

CÓMO DECIDIR ANTES DE DECIDIR

Estoy convencido que quienes desean tener éxito en las decisiones que tomen en la vida, tienen que decidir antes de decidir. No es sabio tomar decisiones apuradas y sin conocimiento. No es sabio tomarlas en el momento en que nos presionan el tiempo, las circunstancias y otras personas.

Como digo, no todas las encrucijadas pueden ser negativas ni tienen connotaciones negativas, pero todas son muy significativas. ¿Quién no ha estado alguna vez manejando rápidamente por la carretera y se ha encontrado con que existen dos caminos y no sabe por cuál ir? Pues esa es una encrucijada. Cuando la enfrentas, inmediatamente piensas: «Debo poner atención a lo que voy haciendo» porque sabes que tendrá que tomar una decisión rápida y trascendental.

Todos hemos vivido experiencias de peligro al enfrentar una encrucijada. Algunas personas han muerto en las encrucijadas de una ocupada carretera. Otras sufren un severo accidente debido a que no estuvieron preparados para enfrentar la encrucijada sabiamente. Hay personas que al manejar sus automóviles a gran velocidad y al llegar a una bifurcación se han estrellado por no estar preparados para realizar una rápida y sabia decisión. Si no estudiaste el mapa, si no sabías que había una encrucijada, si no te detuviste a preguntar, si no disminuiste la velocidad, si no alcanzaste a frenar a tiempo, si te quedaste dormido por el cansancio o no ibas poniendo suficiente atención, tu encuentro con esa encrucijada es sumamente peligroso. Por ello digo que una de las actitudes más sabias de la vida es decidir prepararse y comprender bien por dónde debes dirigirse antes de que tengas que decidir rápidamente en un cruce de caminos. Hay que decidir con paciencia y conocimiento antes que con urgencia.

Preparación para el fracaso

Si enfrentas la encrucijada de la adolescencia, de la juventud, del noviazgo, del matrimonio, de la paternidad, de la maternidad sin haberte preparado, te estás preparando para el fracaso.

El fracaso en la preparación es la preparación para el fracaso. Si decides no prepararte para tomar decisiones, estas serán basadas en tu falta de preparación y cometerás serias equivocaciones.

El fracaso en la preparación es la preparación para el fracaso. Si decides no prepararte para tomar decisiones, estas serán basadas en tu falta de preparación. Por ello es esencial que decidamos prepararnos antes de la decisión de involucrarnos. Esta es una de las sabias determinaciones que debemos tomar en todo campo de la vida. Quien no se prepara para sus exámenes en la universidad, quien no se prepara para su tesis, quien no se prepara con anticipación para iniciar una nueva empresa, está preparando su fracaso.

La Biblia nos presenta el extraordinario ejemplo de Daniel, quien se preparó para el éxito. Él no fue a prepararse en medio de las dificultades, las presiones, las exigencias y el lavado de cerebro que realizaron los babilonios con el propósito de cambiar la mentalidad de estos jóvenes. Allí no hay como prepararse. En esta experiencia reciente, Daniel y sus amigos aprendieron lo mejor que pudieron de las exigencias de la nueva cultura para cumplir con excelencia lo que se demandaba en esta relación. Pero esta nueva relación les ofrecía la oportunidad de hacer cosas buenas o malas y ellos decidieron que harían lo mejor y cumplirían con eficiencia las demandas mientras no comprometieran los valores que ya llevaban. Estaban dispuestos a cumplir el propósito de Dios y no el de otros; lo que demandaba Dios y no lo que demandaba y aconsejaba su nuevo gobierno y cultura. La cultura no puede impedir el propósito divino para tu vida, pero puedes evitar cumplirlo al seguir los dictados de una cultura no amiga de los valores divinos.

Daniel tenía una nueva lealtad, pero esta no superaba la que le debía a Dios. Cuando hay rey que demanda cosas, cuando existe presión externa, cuando hay deseos de sobresalir, cuando existe una relación con otra persona, uno es presionado a moverse por lo que siente. Sin embargo, sólo cumplen el propósito de Dios aquellos que determinan seguir la voluntad divina. Nos preparamos para el fracaso si llegamos a esas relaciones que nos demandan, nos exigen y aun nos gustan, sin prepararnos para vivir sometidos a la lealtad mayor que es nuestro Dios.

Fracasamos en nuestro intento de tener un noviazgo con propósito cuando nos acomodamos al sistema con que nos asociamos. Si estudias el libro de Jueces, en el Antiguo Testamento, te darás cuenta del terrible error de rechazar el consejo divino y acomodarse a las costumbres y valores de quienes no aman a Dios ni les interesa sus principios. Uno de los principales temas en Jueces es el *fracaso debido al acomodo.* Por tolerar pasivamente la presencia de los cananitas en su tierra prometida y luego participar activamente en la idolatría e inmoralidad paganas, las tribus de Israel cayeron en una espiral descendente. Decidieron no aferrarse a la Palabra de Dios. El pueblo de Israel mostró su falta de preparación para vivir en medio de la presión del mundo pagano. Sucumbieron a la presión de las costumbres cananitas en vez de someterse a la voluntad del Dios que tanto les amaba.

El hijo de Dios que se mantiene firme en sus convicciones no sucumbirá ante las presiones. La biografía de Daniel nos presenta el otro lado de la moneda. Es la historia de un joven que no sucumbió ante la presión de la cultura de una nación pagana.

Tal vez uno de los más grandes ejemplos de preparación espiritual, física y emocional para la vida, la descubrimos en la vida de Daniel, que con su vida demuestra que los jóvenes no sólo pueden cometer errores. Este joven decidió antes de actuar. Cuando llegó el momento de tomar decisiones frente a las más difíciles presiones, Daniel estaba preparado y tenía suficientes recursos como para decidir bien en medio del mal y hacer lo correcto, cuando se le exigía decidir en contra de sus convicciones. Daniel había decidido vivir en sus convicciones aunque eso significara que lo lanzaran a la jaula de leones hambrientos.

La cultura no puede impedir el propósito divino para tu vida, pero puedes evitar cumplirlo al seguir los dictados de una cultura no amiga de los valores divinos.

✤ ✤ ✤

Con el fin de que entiendas lo importante de las decisiones de Daniel, te explicaré el contexto en que fueron tomadas. En Daniel 1 aparece una de las determinaciones más importantes que un joven debe tomar en la vida. Estas decisiones correctas deben ser tomadas independientemente de lo incorrecto que haya sido su trasfondo. Las determinaciones a hacer lo correcto deben tomarse independientemente del lugar donde te encuentres, de la profesión que tengas, o si tienes o no estudios formales. La decisión de hacer lo correcto debe realizarse antes de enfrentar experiencias e independientemente de cómo te hayan tratado tus padres, o si vives con ellos o están a miles de kilómetros de distancia.

Un trasfondo difícil

Daniel nos presenta un ejemplo maravilloso de alguien que tomó una decisión con mucha sabiduría. La decisión de hacer las cosas correctas, la decisión de hacer las cosas con el propósito de satisfacer las demandas divinas, en vez de sus deseos humanos. En Daniel capítulo 1 encontramos un relato maravilloso de la vida de un joven con grandes aspiraciones, sueños, ilusiones y planes, y un profundo amor por Dios.

Observa el relato de su biografía a partir del versículo 3:

Y dijo el rey a Aspenaz, jefe de sus eunucos, que trajese de los hijos de Israel, del linaje real de los príncipes [observa a quienes debían elegir], muchachos en quienes no hubiese tacha alguna, de buen parecer, enseñados en toda sabiduría, sabios en ciencia y de buen entendimiento, e idóneos para estar en el palacio del rey; y que les enseñase las letras y la lengua de los caldeos.

Y les señaló el rey ración para cada día, de la provisión de la comida del rey, y del vino que él bebía; y que los criase tres años, para que al fin de ellos se presentasen delante del rey.

Entres estos estaban Daniel, Ananías, Misael y Azarías, de los hijos de Judá.

A estos el jefe de los eunucos puso nombres: a Daniel, Beltsasar, a Ananías, Sadrac; a Misael, Mesac; y a Azarías, Abed-nego.

Los eventos que se relatan en este pasaje ocurrieron alrededor del año 606 a.C. Después de luchar contra el rey Nabucodonosor de Babilonia, el rey Joacim se dio cuenta de que no podría resistir a sus enemigos y levantó la bandera de Israel, como diciendo: «Nos rendimos». En esas condiciones la nación debía pasar por un periodo muy difícil. Para una nación conquistada, las pérdidas eran increíbles y los cambios aterradores. Esta rendición afectaba a toda la nación y era un momento de dura prueba de las convicciones de quienes eran parte de esa nación que debía vivir en obediencia a Dios.

Si dejamos de mirar lo que acontecía en toda la nación, y me aceptas la invitación de ver la vida de una familia judía, notarás que tras bastidores, se observa que cada familia es afectada por la caída de la nación. Una de ellas era la familia de Daniel. Cuando esto ocurría, Daniel debe haber sido apenas un adolescente, probablemente entre los 14 y 16 años de edad. Esto puede dar esperanza a cualquier joven que piensa que debido al desastre y a lo terrible del estilo de vida de su nación, su fin será sucumbir a la presión de las costumbres que Dios rechaza. Un niño o un adolescente, un joven o un adulto que toman la determinación de vivir conforme al propósito de su Creador irán encontrando permanentes obstáculos en el desarrollo de su vida, pero sin importar la edad, quienes deciden vivir en obediencia, disfrutarán de una vida de excelencia.

Me alegra que Dios haya decidido dejarnos el diario de la vida de Daniel. Este era un joven que fue llevado cautivo y que aprendió a vivir sus convicciones cristianas en medio de la más terrible sociedad pagana. Cuando Daniel fue arrancado de su medio, si su madre y padre vivían en ese entonces, probablemente fue la última vez que lo vieron. Él y sus amigos fueron obligados a involucrarse en un estilo de vida completamente nuevo. Esta no fue la elección de este adolescente pues su nación fue conquistada, y ciertos ciudadanos bien escogidos fueron llevados a un tipo de cautiverio especial en Babilonia.

Si estudias el primer capítulo de Daniel encontrarás el relato histórico que cambió el escenario en la historia de los judíos.

> «En el año tercero del reinado de Joacim rey de Judá, vino Nabucodonosor rey de Babilonia a Jerusalén, y la sitió. Y el Señor entregó en sus manos a Joacim rey de Judá, y parte de los utensilios de la casa de Dios; y los trajo a tierra de Sinar, a la casa de su dios».

Nabucodonosor deportó a los judíos, arrancándolos de su amada tierra y llevándolos a la extraña y pecadora Babilonia. En otras palabras, los judíos fueron heridos donde más les dolía. Debían abandonar la casa de Dios. Los preciosos utensilios sagrados que significaban tanto para la adoración, ahora estaban en manos de una nación idólatra. Nabucodonosor no tenía ningún interés en utilizarlos para lo que fueron destinados y a los ojos del pueblo de Dios se rompían algunos propósitos de Dios. Para Nabucodonosor no eran utensilios sagrados, eran simples ornamentos o recordatorios de su victoria sobre la nación de Israel.

Características difíciles de encontrar

Dios había decidido soberanamente que estos jóvenes dieran un ejemplo de obediencia y sumisión a las generaciones futuras, pues Él seguiría demandando estas virtudes. Aun hoy sigue exigiendo obediencia y sumisión a todos sus hijos, en cualquier circunstancia y a cualquier edad y en cualquier etapa de su vida y eso nos incluye a nosotros.

El rey demandó que se hiciera una selección. Decide que elijan específicamente jóvenes «del linaje real de los príncipes». Estos jóvenes —Daniel, Ananías, Misael y Azarías— procedían de la familia real y debían tener ciertas características, tal como se describe en el versículo 6.

Nota que la selección debía hacerse con todo cuidado. Según el versículo 4 debían ser «muchachos», es decir, adolescentes, tal vez entre los trece y diecinueve años. Se ve cierta lógica en la elección. Deseaban personas que pudieran ser formadas. Que fueran vulnerables, receptivas y que no ofrecieran resistencia alguna al plan de lavado cerebral que, según el versículo 5, debía durar tres años. Durante este período a estos muchachos judíos se les expondría a todo un estilo, cultura y rasgos religiosos distintos a los acostumbrados.

Según el versículo 4 debían ser muchachos «en quienes no hubiese tacha alguna». No se aceptaba ningún impedimento físico. No debían ser tullidos, ni tener deformidades, ni amputaciones. Debían ser sin defecto alguno. Además, debían también ser «de buen parecer». Otra de las características esenciales era que debían ser «enseñados en toda sabiduría». También debían ser «sabios en ciencia y de buen entendimiento». O sea, que no sólo debían tener hermosura, calidad física, sino que además debían ser inteligentes. No elegían simplemente cerebros, sino también jóvenes útiles. No sólo eruditos, aun cuando tenían un alto cociente de inteligencia, sino que también debían tener sus pies bien plantados en la tierra y con deseos de excelencia, de prepararse y de seria competencia. Así que Daniel y sus amigos eran ejemplares dignos de ser admirados y buscados por todas las chicas del reino. Eran jóvenes sagaces, bien parecidos físicamente y debían ser «idóneos para estar en el palacio del rey». Nota que esta habilidad no debía ser aprendida, sino que debían tenerla. Eso nos dice que eran jóvenes preparados para la nobleza.

Una especie en extinción

Pareciera que el tipo de joven que está lleno de virtudes y no las usa para su provecho personal o para satisfacer sus pasiones está en extinción. Tal vez con facilidad puedes encontrar señoritas de buen parecer, pero vacías o utilizadoras de su belleza para conquistar y seducir a jóvenes ingenuos. Es fácil encontrar jóvenes inteligentes y con grandes habilidades, especialmente atléticas, pero sin grandes convicciones morales. Parece estar en extinción esa especie de jóvenes que aman a Dios, que tienen grandes dones y habilidades, que son inteligentes y responsables y que están decididos a cumplir el propósito de Dios en sus vidas. Es posible que tú seas uno de ellos.

Parece estar en extinción esa especie de jóvenes que aman a Dios, que tienen grandes dones y habilidades, que son inteligentes y responsables y que están decididos a cumplir el propósito de Dios en sus vidas.

Es un poco difícil hallar personas como las descritas. Era difícil encontrar jóvenes como Daniel por los altos requisitos que este nuevo reino demandaba. Todavía es difícil encontrar jóvenes con todas estas virtudes. Algunos pueden ser grandes cerebros y con un carácter equilibrado, pero terriblemente feos, o por el contrario otros son guapos, listos, pero su cociente de inteligencia está apenas unos puntos más arriba que lo mínimo esperado. Parece que no se puede hallar todo junto en una persona, pero Daniel las tenía todas. Era inteligente y bien parecido. Tenía cerebro, pero también sabiduría. Tenía dignidad, pero tenía sus pies sobre la tierra. Sabía cómo conducirse en público y también en privado, especialmente en la corte del rey.

Además de que era la costumbre que el rey triunfador, como botín de su conquista y para limitar los recursos humanos de la nación vencida se llevara la gente que sabía pensar, Nabucodonosor no era ningún ingenuo. Sabía bien lo que quería y cómo lo quería. Quería exhibir ante su corte una muestra de lo mejor que había conquistado. Quería mostrarle a su pueblo que podía tomar a unos cuantos israelitas y en tres años convertirlos en excelentes babilonios culturalmente, individuos capaces de contribuir en mucho al progreso de su nación. Así que su plan fue puesto en marcha. Nota que ordenó «que se les enseñase las letras y la lengua de los caldeos». En las Escrituras se usa la palabra «caldeos» en forma intercambiable con Babilonia. La frase «las letras» en hebreo significa literalmente «el libro». Así que debían enseñarles el estilo de vida babilónico. Si analizas las exigencias, descubrirás que incluían medicina, leyes, matemática, astronomía y una docena de cursos sólidos. No había cursos opcionales. No se podía escoger una clase de belleza, de cómo tejer canastas o de cómo jugar un juego romano. Si observas con cuidado notarás que también incluían algunos cursos sobre magia. Nada se dejaba al azar y todo esto estaba diseñado para convertirlos radicalmente a la filosofía de Babilonia.

Observa también que debían aprender «la lengua de los caldeos». Es decir, debían dejar de enfatizar su propia lengua, y dedicarse a aprender el idioma acadio o babilónico. La tarea no era sencilla, pero ellos habían sido seleccionados pues los gobernantes sabían que eran capaces de salir exitosos de un curso de postgrado de tres años que estaba destinado a enseñarles un estilo de vida totalmente diferente.

Permíteme añadir algo que el texto no dice, pero que lo aprendemos de Josefo y otros historiadores de la antigüedad. A estos hombres también los convirtieron en eunucos, es decir, los castraron y así privados de su masculinidad, se les entregó la ineludible responsabilidad de estudiar y aprender, nada más. Probablemente por eso es que nunca se menciona si Daniel o alguno de ellos tenía esposa.

Una presión inusual

El problema que tenemos para entender bien esta extraordinaria experiencia y la determinación de Daniel a cumplir con el propósito de Dios es que al pensar en ese joven tendemos a imaginarnos a un personaje vestido con su larga túnica, anciano y con una gran barba. La gente nunca se imagina a Daniel como un sencillo adolescente arrancado de su vida familiar y sometido a una inmensa presión. Los jóvenes no se imaginan que fue un joven como ellos. Con virtudes y defectos, con días buenos y malos, con deseos pecaminosos y vulnerabilidad. Piensa que tienes catorce años y eres sometido a los más severos rigores de una alta preparación académica y a un gran cambio de costumbres familiares y culturales. Imagínate que eres sometido a todo ese proceso de lavado de cerebro y a una larga temporada de presión que durará tres años. ¿Cómo responderías al quedar expuesto a esa filosofía tan diferente de la que has aprendido? ¿Cómo responderías al encontrarte bajo el ataque constante a tus costumbres y convicciones? ¿Cuál sería tu respuesta al estar bajo una fuerte presión para adoptar ese nuevo y tan distinto estilo de vida y, además, rodeado de la flor y nata, y las autoridades de la metrópolis de Babilonia?

Para comprender mejor el ambiente, piensa en lo que escribe G. Frederick Owen con respecto a Babilonia: «Babilonia era en ese entonces una poderosa metrópolis, situada en la orilla occidental del gran Eufrates, el cual era un poderoso canal de comercio para la importación tanto como para la exportación. La muralla externa de la ciudad tenía más de ochenta kilómetros de largo, y contaba con cien puertas de bronce. Era tan gruesa que por encima podían correr cuatro carros alineados al mismo tiempo. Las calles estaban trazadas en ángulo recto, como en las ciudades modernas. Un espléndido canal, paralelo al cercano Eufrates, proveía abundante agua. Sus formidables templos, adornados con joyas y metales preciosos, sus famosos jardines colgantes, y sus muchos palacios, relucían con ladrillos y baldosas de colores. Eran vistas no acostumbradas para muchos de los hebreos».

Esa podría ser la descripción de algunas de las más hermosas ciudades modernas. No habían sido llevados a un pueblito sino a una gran ciudad y no a vivir en un estilo de vida austero y pobre, sino rico y lleno de opulencia. La realidad era que este joven había sido arrancado de su cultura y religión con los más altos valores absolutos como si hubiera sido lanzado en una de las más renombradas universidades liberales del mundo, y además, sin esperanza de regresar. No podía esperar pasar vacaciones en su tierra ni podía negarse al proceso en que lo incluían. Día tras día, por tres años, año tras año, recibiría el bombardeo de lavado cerebral con el objetivo de adaptarlos a la cultura babilónica.

Una decisión no común

Para vivir conforme al propósito de Dios para su vida, Daniel necesitó tomar decisiones conforme al Dios que lo creó con propósito. No fueron decisiones sencillas ni comunes. La decisión de este joven de ser obediente a su Dios y fiel a los principios aprendidos no fue ni es una decisión común. Quien la toma debe amar a Dios verdaderamente, estar dispuesto a mantener sus convicciones, no dejarse influenciar por los errores del pasado, no vivir lamentándose de su situación, no depender de la presencia y la buena influencia de los padres y tener una determinación a vivir o morir por sus principios. Daniel sabía que lo que Dios le había mandado, incluso los mandatos referentes a su dieta, eran parte del propósito divino soberano. Sabía que Dios no dejaba nada al azar y que lo mejor que podía hacer, aunque no era fácil y existía una inmensa presión, era someterse al propósito divino para su vida. Él entendía que aunque había sido objeto de la maldad y había sido castrado y llevado a aquel lugar contra su voluntad, la maldad de los individuos ni la presión de los paganos podía romper el propósito maravilloso que Dios tenía para su vida.

Daniel y sus amigos decidieron no cambiar ni aun su dieta. No tenían problema que le cambiaran su nombre, pero no permitirían que le cambiaran la dieta porque era una ordenanza que Dios había diseñado. Observa el versículo 5:

A pesar de ser castrados, llevados a una cultura distinta, someterlos a un permanente lavado de cerebro, y todo en contra de su voluntad, Daniel y sus amigos, jóvenes adolescentes judíos, decidieron mantenerse en obediencia al Dios de verdad. ¿Has tomado tú la misma decisión?

> «Y les señaló el rey ración para cada día, de la provisión de la comida del rey, y del vino que él bebía».

Ahora bien, no había nada de malo con esa comida.

El rey seleccionaba la dieta completa que procedía de su mesa, y dictaminó los alimentos que le debían suministrar a los muchachos de Judá. Daniel sabía que en esos días los alimentos en Babilonia primero eran ofrecidos a los ídolos y, además, las Escrituras claramente señalaban que no debía comer animales inmundos. Ciertas comidas nunca debían entrar en la boca de un judío devoto y él era uno de ellos. Daniel lo sabía y estaba dispuesto a cumplir lo que Dios con sabio propósito había designado, a pesar de que los demás no lo creían y demandaban algo totalmente diferente. Daniel tomó una decisión poco común, la misma que deben tomar todos los que verdaderamente desean vivir conforme al propósito de Dios.

Decisión radical esencial

Es un serio error creer que sólo podemos cumplir el propósito de Dios en tiempos de calma y tranquilidad. Aun frente a las más serias presiones, en las circunstancias más duras y a pesar de las restricciones que nos impongan, podemos y debemos tomar la decisión radical y esencial de vivir conforme al deseo de quien nos conoce y nos creó. La situación no era fácil para Daniel y sus amigos. Después de imponerles la máxima indignidad —la castración— empezó su proceso de educación. Si has leído con cuidado, te has dado cuenta que durante estos primeros siete versículos Daniel ha estado muy callado. Tal vez es un buen reflejo de lo que debía hacer para poner en orden sus pensamientos y tomar decisiones. Quizás había tenido varias noches sin dormir pensando en su futuro y su situación. No cometas el error de pensar que la situación era fácil y que este joven judío estaba pasando una prueba sencilla. El relato bíblico nos muestra que la prueba era sumamente difícil y la decisión de Daniel muy radical.

> «Y Daniel propuso en su corazón no contaminarse con la porción de la comida del rey, ni con el vino que él bebía».

Me imagino que muchos se preguntan: ¿Cómo un adolescente judío tiene las agallas para tomar una decisión tan radical en medio de tanta presión y peligro? La respuesta es: convicciones bíblicas radicales y determinación a cumplir con el propósito de Dios a pesar del objetivo particular y de los que le rodean. Este ejemplo es importante pues entrega a los jóvenes el camino que deben seguir si desean vivir conforme a la voluntad divina pese al peligro y la presión. En un mundo que piensa tan diferente a los cristianos, ¿cómo puede un joven decidir correctamente?

Muchos jóvenes cristianos buscan respuestas prácticas a sus preguntas reales. Tristemente la que más comúnmente reciben es que no hagan esto y eviten esto otro. No obstante, existe tanta presión para cambiar sus valores, sus costumbres y sus convicciones, que las preguntas siguen martillando su mente: ¿Qué debe tener un joven cristiano para poder elegir la voluntad divina por sobre la voluntad humana? ¿Qué debe hacer un joven para pasar esta severa prueba y tener la capacidad de tomar decisiones que agraden a Dios? ¿Cómo puede una señorita determinar permanecer virgen, no permitir que la usen ni la manipulen, cuando está sola, cuando sus padres están lejos, lejos de su congregación, sin el apoyo de sus

¿Cómo puedo yo, un joven cristiano, evitar sucumbir ante la presión mundanal y vivir en obediencia? La respuesta es sencilla: Amando a Dios con todo el corazón, viviendo con conocimiento, disciplina, determinación y convicción, y comprometiéndome con la excelencia.

líderes y sabiendo que si se niega tiene severas consecuencias? La respuesta es sencilla, pero su práctica requiere gran conocimiento, determinación, convicción y disciplina.

Primero, el joven requiere de un buen conocimiento sobre el propósito de Dios para su vida y en las circunstancias que vive. Daniel entendía las dos cosas. Si no entiendes que Dios tiene un propósito claro y que los hombres quieren sacarte de él, no puedes determinar e insistir en hacer lo correcto que Dios dice. Daniel sabía que las órdenes, mandamientos y principios que le habían enseñado, procedían de Dios y que no era un capricho divino, sino piezas clave en el cumplimiento de su propósito soberano. Daniel entendía que Dios no hace nada por casualidad y que su vida estaba en las manos de aquel que nunca se equivoca. Su costumbre de orar no era una tradicionalista y religiosa, sino una conexión con su Dios soberano que ni la gente, ni los malvados, ni los decretos de reyes paganos podían evitar. Daniel sabía que las circunstancias no eran producto de la mala suerte. Entendía que Dios era soberano, las circunstancias eran sólo eso, circunstancias, y que si seguía obedeciendo, seguiría dentro del propósito divino, pese a todo.

   Segundo, el joven debe estar dispuesto a someterse al propósito divino revelado. Como estudiamos en este libro, no existe más terrible error que querer hacer la voluntad de Dios a nuestra manera. Si Él te ha revelado algo es sabio que decidas cumplirlo.

Dios no dejó la Biblia para que aprendiéramos versículos de memoria y los recitáramos con prosa y elegancia, o para que realicemos estudios cuyo fin es adquirir conocimiento. Dios dejó la maravillosa revelación de su propósito para que sea nuestra única regla de fe y conducta y vivamos con excelencia. Por lo tanto, el resultado final de entender su revelación debe ser nuestra obediencia.

Dios no nos dejó la Biblia para entretenernos con historias bien escritas. No dejó su revelación para que la aprendiéramos de memoria y la recetáramos a otros cuando enfrentaran situaciones dolorosas. Dios no dejó su Palabra para que la tengamos como un lindo devocional que sólo nos invita a meditar. Él dejó su Palabra para que sea la única regla de fe y conducta. Por ello es obligación de todo cristiano entender el propósito divino que nos ha sido revelado para que comprendamos todo lo que Dios quiere que entendamos. Si aprendes por qué Dios estableció el matrimonio y cómo debemos prepararnos para llegar a él de la forma que dictaminó, su segundo paso esencial es determinar cumplir con los detalles del propósito revelado. El sólo entender el propósito de algo, pero no cumplir los pasos requeridos, no nos permite cumplir con los planes del Creador.

Dios creó las relaciones interpersonales, el matrimonio, las relaciones sexuales, por tanto, es sabio quien no sólo aprende la razón de su existencia, sino que aplica los pasos indicados por Dios para que podamos vivir con excelencia.

Tercero, los jóvenes deben establecer sus convicciones mucho antes de enfrentar las distintas situaciones y de comenzar a experimentar las más fuertes presiones. El joven que intenta disfrutar de las hermosas consecuencias de vivir conforme a la voluntad divina debe establecer sus convicciones antes de que las presiones aparezcan. Para subsistir a la presión del momento debemos tener una convicción interna preparada con anticipación. Se requiere que antes de las circunstancias y las presiones, hayamos establecido nuestras convicciones. Mientras más joven y más temprano en la vida estableces tu forma de fe y de conducta, más fácil tendrás en tu arsenal las armas que te permitirán triunfar.

He sido consultado por jóvenes que se han ido a la universidad y están sucumbiendo a las presiones de sus amigos. La Palabra de Dios y la experiencia demuestran que es un error intentar prepararse en ese momento de presión, en vez de haberlo hecho antes que llegue la fuerte coacción. Tratar de aprender en medio de la coerción es como querer aprender a nadar cuando ya caíste en alta mar. En realidad, nunca es *demasiado* tarde para prepararse, pero nunca es bueno demorar el tiempo de aprendizaje. El peor tiempo para tomar una determinación es la primera noche de tu relación conyugal, el primer día de universidad, el primer día de tu servicio militar, el primer día en tu nuevo trabajo o escuela. Cuando comienzas en el nuevo mundo de esas seductoras oportunidades para la carne, será muy difícil prepararse. Debes hacerlo mucho antes.

La palabra que se traduce «propuso» procede de un vocablo hebreo que significa «recoger, recolectar, unir algo como para establecer fuerza». Se usa para hacer una cuerda, colocando un hilo o hebra aquí, y otro allá, y luego entretejiéndolos para formar una cuerda fuerte y resistente.

Daniel tomó todo lo aprendido en el pasado, en casa de sus padres, en su medio, de los escritos sagrados y unió esas hebras mentalmente para formar una fuerte cuerda de resistencia. Daniel, probablemente había escuchado la predicación de Jeremías, Habacuc y Sofonías. Tal vez había visto las bendiciones de los últimos días de la reforma realizada por Josías. Recordando esas grandes verdades que había aprendido, recogió los pensamientos que necesitaba precisamente en ese campo, y en esas noches difíciles, rodeado de otros compañeros con las mismas convicciones establecieron su estrategia basada en los fundamentos que tenían. Por eso, basado en las convicciones que llevaba cuando fue arrancado de su medio, Daniel propuso en su corazón, ante Dios, que cumpliría el propósito divino para su vida.

Observa que Daniel no vivió en amargura ni se rebeló contra todo ni se puso a culpar a medio mundo de sus problemas. Nota que Daniel no comenzó a buscar justificaciones para ceder, sino convicciones para resistir y actuó con sabiduría para enfrentar su situación. Con respeto y sabiduría confrontó la situación. No huyó, no se refugió en su cuarto, no dejó que pasaran las cosas, no pensó que con el tiempo todo cambiaría. Daniel fue a hablar con su superior y enfrentó el problema directamente. El versículo 8 nos dice: «Pidió, por tanto, al jefe de los eunucos que no se le obligase a contaminarse».

Fue una manera sabia. Aquí tenemos a Daniel con una convicción profundamente firme: «No puedo comer de alimento ofrecido a los ídolos». Así que le pide a su superior, «al jefe de los eunucos, que no se le obligase a contaminarse». La palabra «pedir» tiene en el original una raíz de intensificación. Fue un tiempo de intensa súplica. Fue una conversación de corazón a corazón. Tal vez se levantó una mañana, y fue a buscar a su superior y le dijo: «Me gustaría que hablemos sobre algo que realmente me preocupa». Así empieza a establecer un puente de comprensión. Esta es una tarea imprescindible que deben realizar quienes están en una relación que comienza a demandar que hagan algo que va contra sus convicciones. No te resientas, no te amargues, no evites tratar el tema, no esperes que pase el tiempo ni se borre la presión, no comiences a ceder lentamente. Debes hacer conocer a la otra persona de inmediato que tienes convicciones diferentes y que las cumplirás cualquiera sea su suerte. Sea que la relación continúe o termine, debes advertir que no romperás tus convicciones sólo por la influencia de las presiones o las emociones. Esa es la misma fórmula que debe aplicar la señorita que se da cuenta que su novio está intentando tocar lo que no debe y comenzando a tener momentos de pasión. No te resientas, no te amargues, no evites tratar la situación, enfréntala con valentía, principios bíblicos, energía y toma una seria resolución.

Observa ahora el versículo 11: «Entonces dijo Daniel a Melsar, que estaba puesto por el jefe de los eunucos sobre Daniel, Ananías, Misael y Azarías: Te ruego que hagas la prueba con tus siervos por diez días, y nos den legumbres a comer, y agua a beber».

El problema no era tan sencillo de resolver pues aquel funcionario tenía que responder ante los poderes más elevados. Su jefe no era un amigo o familiar sino el temido rey Nabucodonosor, quien a quienes le desobedecían lo mínimo que les hacía era cortarles la cabeza. Observa cuán seria era su responsabilidad y cuán obligado estaba a seguir las órdenes del rey. Dice el versículo 10:

> «Y dijo el jefe de los eunucos a Daniel: Temo a mi señor el rey, que señaló vuestra comida y vuestra bebida».

Nabucodonosor había dado la orden, esta debía ser cumplida y debido al temor este hombre dice:

> Si hago lo que ustedes piden, «luego que él vea vuestros rostros más pálidos que los de los muchachos que son semejantes a vosotros, condenaréis para con el rey mi cabeza».

Ahora pensemos un momento en nosotros. Si eres un creyente que anhela cumplir con el propósito de Dios para tu vida, te encontrarás en situaciones difíciles y tendrás que hacer conocer tus principios aunque otras personas tengan seria dificultad para aceptar lo que demandas. Daniel habló con sabiduría y pidió lo más sencillo que podía. No hizo demandas exageradas pues sabía que haciendo lo que Dios mandaba, aun supliendo sus necesidades básicas, disfrutaría de la protección y bendición divinas. Por ello Daniel dijo: Danos sencillamente cereal y agua. Eso es todo lo que necesitamos. Nada más. Dios hará el resto.

Estaba seguro de la respuesta de Dios y ese fue precisamente el resultado:

> «Y puso Dios a Daniel en gracia y en buena voluntad con el jefe de los eunucos».

Esa será siempre la respuesta de Dios. Cuando hacemos lo que debemos, algunos pueden despreciarnos, otros pueden alejarse y algunos atacarnos, pero Dios estará de nuestro lado. Puedes ser despreciado por una novia, puedes ser atacada por un novio y la persona que más querías puede alejarse de ti porque decidiste tener un noviazgo al estilo divino, pero por cumplir el propósito de Dios, Él estará más cerca que nadie.

Ni por un momento pienses que Nabucodonosor era quien estaba encargado de la vida de estos jóvenes temerosos de Dios. En estas tres importantes frases en tres versículos separados puedes notar que Dios está siempre trabajando para prepararnos el terreno de forma que sus hijos obedientes cumplamos sus propósitos y seamos bendecidos. Observa, en el versículo 2: «Y *el Señor* entregó en» manos de Nabucodonosor. El versículo 9 confirma la acción divina al decir: «Y *puso Dios* a Daniel en gracia y en buena voluntad». Nota que el versículo 17 agrega más información con respecto al cumplimiento de la voluntad divina: «A estos cuatro muchachos *Dios les dio* conocimiento e inteligencia». Puedes estar seguro que Dios tiene poder para cambiar el corazón de aquellos que se enojan o tienen actitudes antagónicas por lo diferente de nuestras convicciones, aunque a veces Dios mismo decida no cambiarlos. Sólo tenemos que creerle a Dios y obedecerle. Él se encargará de alejar a quienes serán un obstáculo para el cumplimiento de su propósito en nuestras vidas o cambiarles el corazón para que sean instrumentos que nos ayuden a cumplir su voluntad soberana. Una gran confirmación de esta verdad la encontramos en Proverbios 16.7, que dice: «Cuando los caminos del hombre son agradables a Jehová, aun a sus enemigos hace estar en paz con él».

Sólo tenemos que creerle a Dios y obedecerle. Él se encargará de alejar a quienes serán un obstáculo para el cumplimiento de su propósito en nuestras vidas o cambiarles el corazón para que sean instrumentos que nos ayuden a cumplir su voluntad soberana.

El versículo 15 nos muestra el resultado de la fe en Dios y de la obediencia al propósito de Dios:

«Y al cabo de los diez días pareció el rostro de ellos mejor y más robusto que el de los otros muchachos que comían de la porción de la comida del rey. Así, pues, Melsar se llevaba la porción de la comida de ellos y el vino que habían de beber, y les daba legumbres».

El versículo 17 nos muestra cómo Dios bendice a los obedientes:

«A estos cuatro muchachos Dios les dio conocimiento e inteligencia en todas las letras y ciencias; y Daniel tuvo entendimiento en toda visión y sueños».

Dios había hecho un buen trabajo y vemos el gran resultado en el versículo 20:

«En todo asunto de sabiduría e inteligencia que el rey les consultó, los halló diez veces mejores que todos los magos y astrólogos que había en todo su reino. Y continuó Daniel hasta el año primero del rey Ciro».

Debido a que trabajo con familias sé que en muchas de ellas existen serias dificultades en la relación con los hijos. Muchos padres se sienten intimidados por sus hijos por la gran rebelión que muestran las nuevas generaciones. Ellos se independizan cada vez más y tienen cada vez una mentalidad más humanista y una moralidad más baja. Aun existen jóvenes cristianos que están siendo seriamente influenciados por esa mentalidad y bajan sus estándares, especialmente en los detalles de sus relaciones amorosas.

Escucho también a hijos que se sienten completamente desdichados por esta inversión de papeles, pues existen situaciones en las que ellos dictan las jugadas, y mamá y papá se someten casi sin protestar. Algunos jóvenes viven molestos y decepcionados pues tienen padres que no viven las convicciones que les exigen a ellos y que desde pequeños les han enseñado. Padres e hijos cristianos deben unirse para establecer convicciones profundas y bíblicas. Los padres que lean este libro, deben entender que tienen que comenzar lo antes posible a enseñar convicciones que se graben en la mente de sus hijos. Así mismo los hijos adolescentes y jóvenes que lean mi mensaje deben actuar con una buena actitud y desarrollar un buen discernimiento para entender que existen muchos padres con una excelente intención de formarlos sabiamente para la vida.

Al concluir este principio quiero presentarle dos reglamentos que deben ser aprendidos, interiorizados y tomar la determinación de vivir por ellos:

Primero: *El joven que establece sus convicciones internas basadas en los valores divinos y propone en su corazón vivir por ellas en toda circunstancia, tiene todo el poder para vencer toda presión externa.* Eso es lo que hicieron Daniel y sus amigos. Daniel propuso en su corazón no contaminarse. Sus principios estaban establecidos en el consejo divino. Internamente tenía una gran fortaleza. Es que cuando te has propuesto en tu corazón no ceder al mal, puedes resistir toda presión externa. Dios está de tu lado y, además, el Espíritu Santo dará la fuerza a los hijos de Dios que son obedientes y determinan batallar contra la tentación de ceder a los estilos humanistas de noviazgo. Debido a que decides cumplir el propósito de Dios, Él está comprometido a darte la fuerza que necesitas para cumplirlo. Cuando te propones profundamente en tu corazón no sólo aprender cuál es el propósito de Dios para el noviazgo, sino someterse a él, no sólo sabrás cómo relacionarte sabiamente, sino que además evitarás heridas en tus emociones y pecados, y evitarás que la persona que dices amar, sea herida y cometa pecados que resulten en disciplina divina.

Segundo: *El joven que establece sus convicciones internas basadas en los valores divinos y propone en su corazón vivir por ellas en toda circunstancia, debido a su obediencia recibirá grandes recompensas.* Daniel y sus amigos fueron recompensados y tú puedes tener la confianza que también lo serás. Cuando determines vivir con integridad y no permitir que tu novio te haga caricias sexuales, serás recompensada por tu obediencia. Tal vez debido a que rechazaste el pecado, tu novio te abandone y pienses que perdiste el amor de tu vida. No obstante, nadie que actúa en obediencia, y por ello es despreciada por los hombres, será perjudicada. Parece una pérdida cuando lo ves desde la perspectiva humana, pero la divina te asegura que has ganado, pues quien es infiel a Dios y desea vivir en el pecado como soltero, también lo seguirá intentando como casado. Cuando te propones seriamente ser hombre o mujer de integridad, las recompensas vendrán más adelante, pero vendrán. ¿Recuerdas lo que ocurrió con Daniel? Fue promovido, exaltado a la posición de influencia de primer ministro por setenta años en la corte de Babilonia y continuó siendo un hombre de éxito y manteniendo una integridad a toda prueba. No te prometo que llegarás a un puesto importante en el gobierno y que serás admirado por reyes y presidentes, pero te aseguro que estarás agradando y honrando al Rey de reyes y Señor de señores y junto a Él, siempre tendrás días mejores.

Tercero: *El joven que establece sus convicciones internas basadas en los valores divinos y propone en su corazón vivir por ellas en toda circunstancia, vivirá con contentamiento debido al esfuerzo que realiza por cumplir el propósito de Dios en todo momento.*

No hay mayor felicidad que alegrar el corazón de Dios. No existe mayor satisfacción que hacer la voluntad divina y el joven que establece su noviazgo según los valores divinos y que pese a las circunstancias y las presiones vive enfocado en cumplir el propósito de Dios para el noviazgo, como resultado tendrá contentamiento. Para ello es esencial atreverse y proponerse como Daniel. Hay un himno que dice: «Atrévete a ser como Daniel». Es un canto compuesto por un hombre que sabía que confiar en Dios era lo mejor que podía hacer. Se llamaba Philip P. Bliss. Nació en una choza. A los once años dejó su hogar, y se dedicó a la vida alegre, en campamentos madereros, por varios años. Cuando Cristo lo salvó se propuso dejar por completo esa vida disipada.

Se casó a los 21 años y se dedicó a trabajar como maestro de música. Tenía un órgano barato que podía plegar y llevar en su caballo. Iba de lugar en lugar enseñando música para la gloria de Dios. Lo hacía en iglesias, a niños, niñas y a jóvenes por igual. Se había propuesto vivir una vida de disciplina, sin doblez, pues su decisión era vivir para Dios en toda circunstancia y lugar.

Su fidelidad y determinación fueron puestas a prueba en muchas ocasiones en la vida de Philip Bliss. Incluso hasta el último día de su vida demostró su amor por su esposa y por Dios. Murió cuando tenía apenas 38 años, el 20 de diciembre de 1876. Para entonces ya había alcanzado la fama. Un día cuando se dirigía al Tabernáculo Moody para dirigir la música en las famosas reuniones de este evangelista, el tren en que viajaba junto con su esposa se estrelló cuando se derrumbó el puente que atravesaba. Philip Bliss escapó, pero luego se dio cuenta de que su esposa todavía estaba atrapada dentro del vagón. Así que entró de nuevo a buscarla. Mientras lo intentaba, el vagón se incendió y Bliss murió, abrazado a su esposa.

El canto dice: «Atrévete a ser como Daniel, ¡Atrévete a levantarte solo! ¡Atrévete a tener un propósito firme! Atrévete a darlo a conocer». Ese canto de seguro estuvo en su corazón hasta el día de su muerte y lo dejó no sólo como un legado, sino que sigue siendo cantado y vivido por muchos jóvenes que se siguen atreviendo como Daniel a levantarse solos cuando todos están en su contra. Jóvenes que cumplen el propósito de Dios para el noviazgo cuando el mundo, la cultura, sus novios o novias y sus propias pasiones le presionan para que no lo cumplan.

Daniel se atrevió porque quería vivir conforme a la voluntad divina y no conforme a sus ideas. Ni siquiera su dieta iba a ser dictada por alguien que no fuera su Dios. Su intención primaria no era agradar a los hombres ni ser seducido por la cultura. Daniel había decidido hacer la voluntad de Dios por sobre cualquier otra. Eso es lo que Dios busca en los seres humanos. Eso es lo que Dios espera que hagan los jóvenes que han sido criados en el evangelio y hoy dicen amar a Dios y aquellos que fueron instruidos erróneamente y tuvieron modelos equivocados, pero que son hijos del Dios que creó todo con propósito y que desea que los jóvenes descubran esos propósitos y determinen cumplirlos. Observa la respuesta de Dios a aquellos que deciden tomar decisiones conforme al propósito divino:

«Y puso Dios a Daniel en gracia y en buena voluntad con el jefe de los eunucos».

Daniel y sus amigos determinaron que nada ni nadie, ni autoridades de otra nación, ni otra filosofía de vida, ni el dinero ofrecido, ni la posición, ni sus pasiones, ni sus gustos, nada, cambiaría sus valores. Por eso Daniel dijo: «Me niego a comer lo que otro me diga que coma porque eso no está dentro de lo que Dios me permite. Por eso me niego a hacer lo que otro me manda, aunque me signifique la muerte, porque más importante para mí es Dios, que mis pasiones, es más importante Él que mis gustos. Los principios y valores divinos son más importantes que la forma que me ha enseñado esta nueva nación, esta nueva cultura. Mi Dios es más importante».

Querido joven y señorita, cumplir el propósito de Dios en tu noviazgo es una de las decisiones más importante de tu vida. No importa tu trasfondo, no importa que hayas sido criado(a) en un hogar de abuso o maltrato, no importa que hayas sido criado(a) en una familia liberal, no importa que hayas visto a tu padre usando pornografía, no importa que tu madre haya tenido una vida fácil, no importa cuál haya sido tu trasfondo, tienes frente a ti la oportunidad de decidir algo maravilloso. Debes decidir: «No me voy a contaminar con los valores de este mundo. No voy a seguir mis pasiones, no voy a hacer lo que yo quiero, no voy a hacer lo que otro me diga. Voy a tomar la determinación de vivir para la gloria de mi Dios; sea que me case, sea que me quede soltero, que esté de novio, que esté con mi novia en la iglesia, en el asiento de atrás de un automóvil, en el cine, en un parque, sea que mis padres se hayan ido y esté sola en mi casa con mi novio, yo viviré mis convicciones. Es mi determinación no contaminarme con nada». Este es un joven que vive con éxito.

Esto ha sido una verdad en mi vida. Muy temprano tomé la determinación de ser un joven que amaría a Dios con todo mi corazón. Muy temprano en mi vida tomé la determinación de no contaminarme. No contaminarme con ningún vicio ni con amistades que no amaran a Dios. Tomé la determinación de no contaminarme con lo que hacían otros jóvenes de mi época, y por ello sufrí ataques, me pusieron apodos, me ridiculizaron, sufrí presiones de mis compañeros de estudio. Fui ridiculizado en mi escuela, fui maltratado en ciertas ocasiones, pero logré mantenerme y no porque yo tuviera una fortaleza especial, sino por la gracia de Dios, sólo por la gracia divina pude tener victoria y disfrutar de una vida de paz y tranquilidad. Por mis convicciones y mi temor a Dios, Él me dio fortaleza para evitar tener relaciones sexuales prematrimoniales. Sólo Dios y su poder me ayudaron a llegar virgen al matrimonio y hoy disfrutar de mi mente limpia. Por la gracia de Dios no abusé de nadie ni permití que abusaran de mí. El Señor me protegió de una manera excelente.

Esto de ninguna manera significa que no he cometido pecados y graves equivocaciones, pero por ello también he sido objeto del amor divino por medio de su sabia disciplina. Estoy seguro que por la gracia de Dios y mi determinación a honrarle a pesar de mis fallas, Él me ha dado una mente saludable. Estoy seguro que por ello mi mente es tan clara en este momento y tengo paz. Estoy seguro que vivo las recompensas divinas. Por eso soy un individuo feliz, cuyo contentamiento no depende de las cosas que tiene o no tiene, de las circunstancias que vive o no vive. Cuya vida no se guía ni depende de lo que otros opinan sino de mis convicciones bíblicas. Estoy seguro que vivo una vida feliz porque tengo mi conciencia, mi mente limpia y sin abuso, a pesar de mis defectos y pecados cometidos. Por ello, queridos jóvenes, puedo escribir acerca de mi experiencia y desprender principios maravillosos de la vida de jóvenes que Dios determinó nos dejen sus experiencias escritas en la Biblia.

Ustedes, queridos jóvenes que asisten a una congregación, estudian la Palabra y buscan instrucción en libros de autores sabios y bíblicos y se someten a los consejos bíblicos de líderes amorosos, están actuando como Dios demanda. Ustedes no están perdiendo su tiempo. Se lo dice alguien que ha vivido toda su vida en la iglesia, que tiene pasión por Dios, que tiene su conciencia tranquila, que disfruta la vida, que nunca probó droga, que tiene una mente limpia con capacidad de leer y absorber cosas, capacidad de aprender de la vida, de enseñar, de corregir, de amar a la gente.

Ustedes jóvenes están en un excelente lugar. Tal vez a algunos en este momento no les guste la vida de iglesia y leen este libro por sugerencia de sus padres, no desprecies las enseñanzas, no desprecies el consejo bíblico, vive en obediencia y disfrutarás de maravillosas consecuencias. Es posible que haya muchas cosas que ahora no te agradan.

Seguramente si pudieras elegir tu comida, no elegirías lo que tus padres quieren que comas, pero es saludable. Algunos de ustedes no irían a la escuela o a la universidad si sus padres no les dijeran: «Tienes que ir». Algunos de ustedes no se vestirían bien si sus padres no les obligaran. Algunos de ustedes no elegirían buenos horarios, ni buenos amigos, ni buenas películas, si sus padres no les exigieran tomar decisiones correctas, pero les aseguro que no están perdiendo su tiempo.

Hacen bien en asistir a una congregación y poner atención a las enseñanzas bíblicas de líderes temerosos de Dios y preparados para enseñar la Biblia. Las enseñanzas que escuchas en una congregación, rara vez se oyen fuera de la iglesia, y para poder escuchar consejeros que te orienten sicológicamente tendrás que pagar bastante dinero.

La vida cristiana es maravillosa cuando uno no vive una doble vida. Cuando odias la hipocresía y decides vivir conforme a las creencias que dices profesar, disfrutarás de hermosas consecuencias. Por la guía de mis padres, mi asistencia regular y mi amor por mi congregación y la Palabra, fui fortalecido. Luego continué como líder y más tarde me preparé para ayudar a otros. Invertí miles de dólares para ir a la universidad, mi oficina está llena de libros, he leído cientos de ellos, he consultado cientos de otros, he asistido a conferencias, he investigado profundamente y, lo que es más importante, he investigado mi propia vida, he analizado mis fallas, he evaluado mis defectos y he tenido un compromiso con la excelencia que me ha preparado para servir con amor y ayudar a otros a que disfruten las consecuencias de una vida comprometida con Dios.

Sin importar lo que haya ocurrido en tu pasado, decide cambiar. Si no has tenido un noviazgo conforme al propósito divino, decide hacer cambios, nunca es tarde. Constantemente tengo que hacer cambios. Al igual que tú, no soy perfecto. Lucho contra mis imperfecciones; y sigo aprendiendo de los errores que me producen dolor. Aprendo del dolor de ustedes, de las experiencias que me han contado cientos de jóvenes que han sufrido las consecuencias de vivir una vida conforme a sus ideas y pasiones humanas, en vez de los principios y valores divinos. Los sabios tienen la suficiente capacidad para aprender de sus propios errores. Sólo los necios patean diez, veinte, treinta veces la misma piedra. Los sabios aprenden a la primera o a la segunda. Quien sigue pateando la misma piedra de violencia, de maltrato, de abuso, de irresponsabilidad, de no querer proyectarse en la vida ni vivir con excelencia, actúa neciamente. Quien sigue proyectando patear la misma piedra de la vagancia, de las dependencias, de la rebelión y quien entiende que su noviazgo no cumple el propósito de Dios y persiste en vivir de esa manera, actúa neciamente y en rebeldía. Pero si aprendes a vivir, aprendes del dolor de las experiencias pasadas y obtienes lecciones de los pecados y consecuencias de la rebelión de otros, actúas sabiamente. En esta encrucijada de la vida del noviazgo debes tomar una sabia determinación como la siguiente:

> Señor, determino y propongo en mi corazón no contaminarme con el sistema de noviazgo del mundo. Me propongo tener un noviazgo con objetivo. No a mi estilo sino al que tú diseñaste.

4

La única regla de conducta y el noviazgo

«Es imposible vivir conforme al propósito divino sin entender la revelación de su soberana voluntad. Podemos tener excelentes deseos de hacer lo correcto y experimentar hermosas emociones, pero sin interpretar las Escrituras correctamente podemos tener convicciones erróneas. Por ello, la única regla de fe y de conducta en la vida, incluyendo el noviazgo y el amor, debe ser la inerrante Palabra del Señor».

No debe existir otra regla de conducta para el cristiano. Si queremos vivir en obediencia y demostrar nuestra pasión por Dios y nuestra sujeción a sus enseñanzas no debemos guiarnos por nuestras emociones ni por nuestros sentimientos. No debemos actuar de acuerdo a lo que la gente desea, sino conforme a las convicciones que han sido establecidas en la Palabra de Dios. La dirección que necesitamos en la vida no debe provenir de la sabiduría humana, mucho menos de la mundanal, sino de la que emana de la Palabra inerrante.

Este mundo está lleno de filosofías sumamente atractivas, pero muy destructivas. El escapismo, el cinismo, el humanismo, el sobrenaturalismo, no proveen la autoridad final duradera. Estos sistemas de pensamiento no proveen la solución, más bien ubican a la gente en arena movediza y producen más confusión que solución. No es extraño notar el gran vacío existencial de quienes desechan las verdades divinas.

¿Cuál es tu autoridad final?

La pregunta para ti es: ¿Cuál es tu autoridad final? ¿Hacia quién o hacia qué te vuelves en caso de necesidad? ¿Dónde realmente basas tus decisiones? ¿Bajo qué principios y valores has determinado vivir?

Para los cristianos no debe existir otra regla de fe que no sea la Biblia, ni otra regla de conducta que no sea la eterna e inerrante revelación divina. Por eso alguien escribió tan sabiamente acerca de la necesidad de investigar, estudiar, interpretar y aplicar la revelación divina:

«Un buen intérprete nunca mira a las palabras sin un signo de interrogación en su mente. Puede consultar el griego o su diccionario o un comentario o una concordancia, pero lo cierto es que se mete en sus libros hasta que la palabra en la cual ha fijado su atención comience a llenarse de significado. Un doctor experimentado tiene una sensibilidad maravillosa en sus dedos. Él ha pasado su vida palpando, sintiendo hinchazones, inflamaciones, tumores, etc. Conoce la textura de ellos, su condición, sus peculiaridades. Mientras nuestros dedos al tocar algo así nos dicen una o dos cosas, los de un doctor pueden decirle una docena. Así como los dedos de un doctor que ha sentido esas hinchazones, inflamaciones, tumores, el maestro de Biblia debe tener sensibilidad ante cada palabra que lee. Debe pasar los dedos de su mente sobre las condiciones, texturas y peculiaridades de las palabras. Esto significa sensibilidad a las frases, a las cláusulas, a los párrafos, a las figuras del lenguaje. Un buen maestro de Biblia es un hombre que no descansa, nada da por sentado. Es un detective cuya víctima es el significado, y cuyas claves son las palabras en sus variadas combinaciones de frases, oraciones y párrafos. Fuera de cada configuración de las palabras el maestro bíblico está buscando su significado. Busca un pensamiento claro y trata de seguirlo a través del pasaje en estudio. Trabaja e indaga, medita, rumia y estudia hasta que el significado del texto bíblico comienza a aparecer. Es en ese momento cuando los maestros mediocres fallan, pues él está contento y termina con sus esfuerzos, cuando aún sus pensamientos son vagos y sus impresiones son poco claras. El mediocre tan pronto como obtiene una buena exhortación o una aplicación práctica, ya se siente contento y descansa. No tiene una mente incansable que busca y se profundiza hasta lograr el significado del texto».

Esa es mi labor y hago un serio esfuerzo por cumplirla con responsabilidad, integridad y seriedad. Puedes estar seguro(a) que lo que aprendes de mis escritos es el resultado de una profunda investigación de la Palabra pues quiero que bases tu vida en el consejo divino inerrante y no en la palabra de un hombre falible. Mi labor no es enseñarte lo que creo que la Palabra dice, sino lo que verdaderamente afirma y para ello se requiere de una seria investigación.

Ni tú ni yo podemos vivir conforme al propósito divino sin entender la Palabra y aun la búsqueda más sincera y el mejor deseo de vivir conforme a la voluntad divina puede llevarnos al error si no estudiamos con excelencia e interpretamos sabiamente la Palabra del Señor.

La Palabra de Dios es una fuente de sabiduría extraordinaria. Existen innumerables consecuencias que disfrutan quienes la estudian con excelencia. La Palabra bien estudiada y bien aplicada me da poder para enfrentar al enemigo. Es la Palabra la que por diseño divino me ordena: «Reprended al diablo y huirá de vosotros» y el ejemplo de Jesús me muestra cómo enfrentó al mismo enemigo con la Palabra al recordarle a Satanás: «Escrito está».

La Palabra de Dios me enseña que la verdad divina atesorada en mi corazón me da fortaleza para rechazar el pecado. No en vano dice: «En mi corazón he guardado tus dichos para no pecar contra ti» (Salmo 119.11).

La Palabra de Dios me da estabilidad en medio de las pruebas, visión en medio de las tinieblas, guía para enfrentar los asuntos de la vida, principios para vivir conforme a la voluntad divina y me revela el maravilloso propósito de Dios.

Causa lógica de errores graves

Estoy convencido que la gran mayoría de los errores los cometemos por ignorancia. Sin duda ella es la peor enemiga de los hombres. Es más peligrosa que Satanás y la mundanalidad.

Satanás es un gran enemigo. Tiene poder para influenciar en forma extraordinaria, no solamente al mundo y su filosofía, sino aun al sistema de pensamiento de los cristianos. La Biblia nos lo muestra como un astuto enemigo que desarrolla estratagemas muy bien pensadas para movernos de nuestras convicciones. Él mejor que nadie sabe que no puede quitarnos la salvación que Dios por su gracia nos ha entregado, pero sabe que un cristiano ignorante es muy vulnerable y al influenciarlo y dominarlo puede ser una gran herramienta para desprestigiar la vida cristiana.

Satanás utiliza la boca de los no cristianos para hablar muy bien de su sistema. Emplea a grandes presidentes y políticos para influenciarlos y establecer políticas contra Dios y a favor de su baja moralidad. Utiliza a grandes artistas para que mediante su música, poesía y otras expresiones de arte propaguen su sistema corrupto. Por ello el amor, la amistad, las relaciones interpersonales están influenciadas y son definidas por ese sistema maligno. Pero, aunque poderoso, Satanás es un enemigo vencido y quienes se someten a las órdenes y propósito divinos, y dependen del poder de Dios, vencen a Satanás y su sistema. Así que no tienes por qué temerle ni vivir bajo sus sugerencias.

El mundo es un enemigo serio. He dicho que la mundanalidad es una gran enemiga, poderosa; con herramientas increíbles que llaman la atención de los individuos. Y si nos llama la atención a nosotros, hombres maduros, cuanto más a los jóvenes o a los adolescentes en proceso de formación. Es una terrible enemiga, pero el joven que determina vivir bajos los valores divinos absolutos, no será vencido por la influencia de los valores relativos humanos.

El peor enemigo es quien es parte de nuestra vida y nos acompaña a todo lugar. Es alguien que te acompaña a todo lugar y conoce todos tus gustos. Ese enemigo se llama YO. Es nuestra propia carne que nos motiva a hacer todo lo que nos gusta y nos apasiona, aunque no sea correcto.

El diablo, el mundo y nuestra propia carne son los más grandes enemigos que luchan duramente para impedirnos que cumplamos el propósito divino. Dios está interesado en nuestra felicidad. Por supuesto que el mayor interés divino es salvarnos, pero mientras estamos en este mundo, Él desea que vivamos felices. Que disfrutemos del contentamiento que diseñó en cada etapa que vivamos. Dios desea que pasemos esas etapas conforme a sus planes, aunque sea nuestro deseo hacerlo a nuestra manera. Nuestra intención de hacer las cosas a nuestra manera es la batalla más grande que enfrentamos todos, incluyendo los jóvenes.

Fundamento inevitable para decisiones acertadas

Lo maravilloso es que Dios no nos ha dejado solos. El soberano que se deleita en que cumplamos su propósito ha establecido mecanismos que si los utilizamos sabiamente nos permiten vivir realizados. Una de esas maravillosas herramientas que nos permite conocer la voluntad divina es la Palabra de Dios. Ella es imprescindible para poder cumplir el propósito de Dios para el noviazgo. La revelación divina es más importante que mis ideas y que las de los hombres más sabios de este mundo. Es la que debe guiarnos. La Palabra de Dios y su guía es más importante que nuestro trasfondo. Es más relevante que nuestra preparación y aun que nuestra cultura. La Palabra de Dios debe ser bien estudiada, siguiendo las reglas hermenéuticas adecuadas para que limpie nuestra mente sucia con la influencia del pensamiento mundanal. El camino que nos ha enseñado la influencia de este mundo no es el adecuado, está sucio. Está lleno de ideas equivocadas que nos llevan a ser padres, madres, hijos o novios erróneos que no cumplen el propósito de Dios.

El diablo, el mundo y nuestra propia carne son los más grandes enemigos que luchan duramente para impedirnos que cumplamos la voluntad divina revelada, pero con la orientación de la Palabra inerrante y la obediencia constante, sobre esos enemigos, podemos salir triunfantes.

Eso es precisamente lo que expresa el Salmo 119.9. Es una verdad que quienes crecimos en la iglesia aprendimos de memoria. Observa la sabiduría que yace en él:

¿Con qué limpiará el joven su camino? Con guardar tu Palabra.

Nota la inmensa importancia de guardar la Palabra de Dios. No dice que el joven puede limpiar su camino aprendiendo versículos de memoria o simplemente estudiarla, sino cuando determine aplicar constantemente la Palabra de Dios. Cuando habitamos en la Palabra, cuando la aplicamos, cuando la obedecemos, cuando la consultamos y la dejamos como fundamento de nuestras decisiones, entonces limpia nuestro camino. Pero la verdad es que aquellos que aman la Palabra no la aman de la nada. No cualquier persona ama la revelación divina. Muchos pueden leer la Biblia y pueden interesarles las historias, pero sólo aquellos que aman a Dios pueden amar su revelación. Y cuando aman la voluntad revelada y viven en obediencia pueden vivir una vida realizada.

El joven que quiere limpiar su camino, que quiere vivir una vida limpia, que desea tener un noviazgo conforme al propósito divino debe entender y creer las siguiente verdades:

Es imposible que quien ama genuina e íntimamente al Dios de la Palabra, no desee someterse al consejo de ella.

Que lo saludable de su relación con Dios determina su amor genuino por las Escrituras. Eso significa que si tienes verdadera intimidad, tienes adecuada cercanía con Dios también querrás conocer lo que Dios piensa. Es que si Dios nos interesa, si lo que dejó como revelación es importante para mí, entonces, me interesan sus decretos, me interesan sus mandamientos, me interesa andar bien con Él, me interesa tener relaciones sexuales de acuerdo a lo que Dios ha mandado, me interesa tener un noviazgo conforme al corazón del Dios que tanto me ama y desea lo mejor para mí.

Cuando tienes una relación saludable con Dios muestras un gran interés por honrarlo y te interesas en relacionarte bien con las personas y basado en el consejo oportuno de la Palabra inspirada por Dios. Por ello, lo saludable de nuestra relación con Dios, lo saludable de nuestra intimidad con Él, determina la importancia, el amor que tenemos por los consejos y valores que son revelados en las Sagradas Escrituras.

Lo saludable de nuestro amor y de nuestra interpretación de las Escrituras determina los valores bíblicos que tenemos.

Si interpretas bien la Palabra de Dios descubrirás en ella el camino y las instrucciones que Dios ha dejado para nosotros. Allí encontramos el consejo divino que nos permite determinar los valores que serán el fundamento de nuestra vida. Estos deben ser establecidos con firmeza y claridad. Estos valores en que basamos nuestras acciones deben ser bíblicos en su fundamento y deben ser prácticos en su aplicación. Nosotros actuamos conforme lo que pensamos. No podemos pensar bien con malos valores. No podemos tener un noviazgo saludable con ideas enfermizas.

Porque la Biblia es la lámpara a nuestros pies, porque es lumbrera a nuestro camino, porque es el consejo de Dios, porque nos revela su voluntad y propósito debemos amarla con pasión pues lo saludable de nuestro amor por las Escrituras determina los valores bíblicos que tenemos.

Lo saludable y bíblico de nuestros valores determina el estilo de vida que elegimos.

Actuamos de la forma en que lo hacemos debido a la manera en que pensamos. Nuestro sistema de pensamiento depende de los valores y principios que hemos adquirido en la vida. Los valores son el fundamento de la estructura de nuestro pensamiento. Nadie actúa con violencia de la nada. Quien es violento ha aprendido que esa es la forma como debe enfrentar sus problemas. Si un joven en este momento está sosteniendo relaciones sexuales prematrimoniales, las practica porque cree que puede tenerlas, o sus pasiones son más fuertes que sus convicciones. Si alguien está tratando con irrespeto a sus padres es porque en su vida domina la falta de respeto. Actúas como lo haces porque piensas lo que piensas y para cambiar nuestras acciones debemos cambiar nuestra manera de pensar.

Quien desea entender como tener relaciones saludables y de acuerdo al propósito para el cual fueron diseñadas, debe determinar obtener

❖ ❖ ❖

Actuamos conforme a lo que pensamos. No podemos pensar bien con malos valores. No podemos tener un noviazgo saludable con ideas enfermizas.

❖ ❖ ❖

los valores bíblicos que le darán la estructura diseñada por Dios y le permitirán actuar conforme al plan de Dios.

Mandamientos divinos para ser obedecidos

Un noviazgo con propósito se logra al seguir la intención del Creador. No podemos tener un noviazgo que agrade a Dios sin estudiar, comprender y practicar los mandamientos y principios que Él designó para que al cumplirlos se cumpla su propósito. Creo que esto merece una explicación profunda pues muchos jóvenes no comprenden la importancia de los mandamientos divinos y los terribles efectos de la desobediencia. Los seres humanos tendemos a desobedecer pues Dios no tiene un juicio inmediato para nuestra rebelión. Debido a la misericordia divina y su maravillosa gracia, muchos jóvenes tienden a perpetuar sus pecados. Los jóvenes que no ven consecuencias inmediatas por tener relaciones sexuales prematrimoniales y más bien sienten que están disfrutando de la relación pecaminosa tienden a perpetuar el pecado. No deseo complicar las cosas, pero sí ser un comunicador claro de la verdad bíblica y hacer conocer con sencillez aunque con autoridad lo importante de las directrices divinas, especialmente para quienes desean vivir una vida conforme al propósito de Dios.

Es imposible que un joven tenga un estilo de vida bíblico y saludable con valores humanos equivocados y enfermizos.

Preceptos y principios con origen divino

Si me permites simplificar al extremo las instrucciones de Dios para la vida humana, pienso que podemos dividirlas en dos grandes temas: Los preceptos o mandamientos y los principios.

La vida que Dios diseñó está sujeta a leyes. Existen leyes creadas por Dios para que funcione toda su creación. Una de ellas es la ley de la gravedad, que indica que todos los objetos van al centro de la tierra.

Dependiendo del tamaño, del peso y de la altura, existirá un mayor o menor impacto. Existe la ley del equilibrio y muchas otras que permiten que toda la creación siga funcionando de acuerdo a lo establecido por Dios. De la misma forma, Dios estableció leyes para que funcione el noviazgo y para poder cumplir esas leyes dejó ideas, pensamientos, principios y mandamientos. El celo en el cumplimiento de los mandamientos divinos permite que se cumplan sus propósitos.

Quienes desean tener un noviazgo como Dios lo ha diseñado, deben entender cuál es su idea, cuáles son los preceptos y cuáles los mandamientos. Deben saber distinguir cuál es una ley irrevocable y cuál un principio para interpretar. Por ello es esencial la distinción que existe en las Escrituras con respecto a los mandamientos y los principios.

Permíteme explicarlo en forma práctica. Si vas a visitar al médico porque tienes algún problema de salud, este se preocupa por diagnosticar tu enfermedad. Él escucha con atención la información que le brindas, te somete a ciertos exámenes y análisis, y a su debido tiempo te ofrece ciertos preceptos y principios. Los preceptos los podemos describir como las recetas: medicinas y remedios claramente definidos que debes tomar de acuerdo a las indicaciones y sin la intención de salirte de ellas. Esos son preceptos.

Los principios puedes identificarlos como ciertas pautas a seguir. El médico te dirá: «Opino que necesitas dormir más temprano, dejar algunas actividades y tener más descanso. Creo que sería bueno que cambies tu horario de trabajo y comas mejor». Esos son principios. No son necesariamente indicaciones en blanco y negro, no son cosas directas y determinadas, sino asuntos que quedan a tu juicio y criterio.

Los preceptos tienen que ver con pautas específicas, claramente definidas, fáciles de seguir. Los principios exigen sabiduría, cierta medida de juicio y discernimiento.

Déjame darte otro ejemplo. Cuando aprendes a conducir un vehículo es imprescindible que aprendas a leer las señales y rótulos de tránsito que aparecerán en toda carretera. Los preceptos, los mandamientos están claramente definidos. Ellos no aceptan tu criterio. Algunos preceptos dicen: «Velocidad máxima: 100 kph», o «Prohibido estacionarse», o «Una vía», o «Pare». Esos son mandamientos en las calles y carreteras

sin importar si acabas de recibir tu licencia para conducir o has condu-
cido por veinte años. Los mandamientos no cambian. No importa si
estás solo, acompañado, viajando con un policía a tu lado o a otra ciudad de tu país. Tienes que obedecer esas direcciones te gusten o no.

Los principios son diferentes pues nos dejan áreas a nuestro criterio. Las señales o rótulos que indican principios tienen leyendas como
estas: «Conduzca con cuidado. Carretera resbaladiza cuando llueve».
No recibes ninguna orden, sino una advertencia para que ejecutes un
buen juicio. No determinas cuán rápido puede conducir, ni tampoco
cuánta distancia debes dejar desde el borde de la carretera. Tampoco se
te dice cuán fuerte debe llover para que conduzcas más despacio. Se te
dicen sólo ciertas palabras, y tú debes usar tu juicio, porque estás en
territorio peligroso cuando la carretera o calle está mojada.

Si esto es cierto en el campo médico, y es cierto en cuanto a conducir vehículos, también lo es con respecto a la crianza de los hijos o
cuando uno desea tener un noviazgo que se ajuste a los mandamientos
y principios divinos. Me he dado cuenta en la vida que mientras más
madura es la persona, menos mandamientos necesita. Puede vivir
sabiamente aun con principios. Nota que cuando criaba a mis hijos,
poco a poco les iba dando más principios y menos preceptos.

La Palabra de Dios, en lo que se refiere a las instrucciones que nos
entrega para saber vivir conforme al propósito de Dios, está llena de
principios y preceptos. Los principios ofrecen instrucción acerca de
cómo manejar los aspectos debatibles de la vida. En ella no siempre
encontramos un claro mandato y a veces se nos deja a nuestro criterio
determinadas cosas. En muchas ocasiones la Palabra de Dios nos dice:
«Usa tu juicio. A lo mejor hay un hermano más débil que necesitas considerar, así que, no seas necio abusando de tu libertad». O también:
«Hay peligro en esto. Cuidado».

Por ejemplo, Filipenses 2 afirma: «Haya, pues, en vosotros este sentir que hubo también en Cristo Jesús», es decir, un sentir de humildad.
Es más, poco antes dice: «Nada hagáis por contienda o por vanagloria;
antes bien con humildad, estimando cada uno a los demás como supe-
riores a él mismo». Este es un principio. No se nos dice en donde empieza la humildad ni en donde termina el orgullo. Se nos dan principios

para vivir. Se te dice que uses tu buen juicio para conducirte humildemente como hijo de Dios.

Los mandamientos: Órdenes que no dan opción

Observa la Primera Carta a los Tesalonicenses, capítulo 4 pues esta es la muestra de un mandamiento que no da opción de elegir. Cuando se trata de la impureza sexual no hay duda alguna de cuál es la posición de Dios:

«Pues la voluntad de Dios es vuestra santificación; que os apartéis de fornicación».

Ni siquiera tienes que orar para saber cuál es la voluntad de Dios. No tienes que pedirle que Dios cumpla por ti pues es una orden que Él te da para que la cumplas. Para tener un noviazgo conforme al propósito de Dios debe saber que la voluntad de Él, el mandato divino, es que huyas de la fornicación. Dios manda que en la relación prematrimonial no exista intimidad sexual. La voluntad de Dios es abstinencia total.

Observa con atención algunas cosas importantes en cuanto a los mandamientos. No se necesita gran sabiduría para comprender los preceptos pues frente a las órdenes divinas lo único que debemos hacer es obedecer.

Primero, los mandamientos usualmente son breves, sencillos y claros. Dios no tartamudea ni nos lanza un gran sermón para decirnos lo que debemos o no debemos hacer. Sus órdenes son claras y directas. Sus mandamientos son radicales, aunque breves y sencillos. Sus órdenes son fáciles de entender aunque, por supuesto, no lo son de practicar. Dios no esconde sus mandamientos en el misterio ni los deja a nuestro criterio. Simplemente dice: «Hagan esto y vivirán». Sus mandamientos son breves, sencillos, claros, irrefutables y demandan su cumplimento.

Segundo, los mandamientos son para nuestro bien, para la gloria de Dios y el cumplimiento de su propósito. Cuando Dios nos da mandamientos o preceptos, invariablemente son para nuestro bien, para su gloria y para que se cumpla su propósito. La gente tiene la idea errónea de que cuando Dios ordena algo, como que quiere quitarnos la diversión.

Por supuesto que esa es una idea equivocada. Cuando Dios nos da un mandamiento, a la larga descubriremos que es para nuestro bien. Pero, más que eso, le da gloria a Él. Cuando obedecemos estamos cumpliendo órdenes imprescindibles para que se cumpla el propósito de Dios para nuestra vida y cuando estamos en su propósito, obtenemos la realización que tanto anhelamos y nuestro Dios la alabanza y gloria que tanto merece.

❧ ❧ ❧

Ni siquiera tienes que orar para saber cuál es la voluntad de Dios con respecto a la pureza sexual. Él dio un mandamiento que nadie debe atreverse a discutir cuando dijo que todos debemos huir de la impureza. No tienes que pedirle que Dios cumpla en ti su voluntad porque es una orden divina para que la cumplas.

❧ ❧ ❧

Tercero: Los mandamientos demandan tan solo una respuesta y es la obediencia. Los mandamientos no son para discutirlos, ni siquiera para pensar si se aplican o no. Los mandamientos son otorgados para cumplirlos. No hay que tomar todo un curso para aprender a comprenderlos. Ni siquiera requiere que hables con tu novia(o) para determinar si debes cumplirlo. No tenemos que determinar si nos gustan o no, pues los mandamientos exigen obediencia y son para cumplirlos sea que desagraden o agraden a tu pareja.

Cuarto: La desobediencia de los mandamientos resulta en serias consecuencias. Dios ha determinado eso y siempre ha tratado con el hombre de la misma manera. Dios mostró claramente su carácter cuando dijo a su pueblo en repetidas ocasiones: «He puesto delante de ustedes bendición o maldición. Bendición si obedeciereis los mandamientos y maldición si los desobedeciereis». Él no ha cambiado su carácter. Sigue dando mandamientos para que sean cumplidos, bendiciendo a los obedientes y disciplinando a los desobedientes. Cada vez que desobedecemos los preceptos divinos, perdemos algo. Podemos perder la paz, la comunión, una relación interpersonal, amistades, la dignidad, el prestigio, el honor y la comunión saludable con Dios. Siempre que desobedecemos perdemos y siempre que preferimos la obediencia recibiremos buenas consecuencias.

Es cierto que Dios perdona todo pecado, pero no siempre elimina las consecuencias. No es posible tener un noviazgo con un estilo pecaminoso y motivado por pasiones carnales y esperar que esas personas tengan relaciones matrimoniales saludables. Hay consecuencias físicas, emocionales y espirituales cuando decidimos rebelarnos. Como consejero de matrimonios en conflictos puedo asegurarte que muchos de sus problemas conyugales y emocionales pueden trazarse claramente y llegar a sus relaciones de noviazgo, en las que por salirse del propósito divino jugaron con sus emociones. Un desobediente no puede desarrollar una relación de noviazgo saludable.

Sea en la vida personal o en su relación de noviazgo, siempre que desobedecemos perdemos y siempre que preferimos la obediencia recibiremos buenas consecuencias.

CONSECUENCIAS DE LA DESOBEDIENCIA

Todos los seres humanos tendemos a desobedecer, especialmente cuando se trata de mandamientos que nos obligan a dejar lo que nos gusta o evitar lo que nos apasiona. La vida sexual no sólo nos gusta, sino que es apasionante y por ello es tan fácil tener un noviazgo o un matrimonio a nuestro estilo pasional, en vez de basarlo en la verdad bíblica.

Pasiones peligrosas

Dentro de una relación de noviazgo comienza poco a poco a desarrollarse un sentimiento de intimidad y a la vez va creciendo el deseo de unir sus cuerpos en una relación sexual. La pasión va aumentando, pero no significa que exista autorización para satisfacerla. Las pasiones no son malas cuando están dentro de una estructura de orden y pureza. Pero se vuelven peligrosas cuando no tenemos el conocimiento, la fortaleza y el dominio propio para basarlas en un buen fundamento.

El deseo de estar cerca, juntos, de acariciarse, besarse y tener relaciones sexuales es natural y tendremos todo el poder para buscar la satisfacción. Sin embargo, la autorización de satisfacerlo sólo llega cuando se inicie la relación matrimonial.

❖ ❖ ❖

La vida sexual no sólo nos gusta, sino que es apasionante y por ello es tan fácil tener un noviazgo o un matrimonio a nuestro estilo pasional, en vez de basarlo en la verdad bíblica.

❖ ❖ ❖

Los primeros pensamientos que llegan a la mente cuando nos relacionamos con una persona que nos resulta atractiva no pueden evitarse. No existe pecado en sentir atracción. No podemos evitar los deseos físicos, así como no podemos evitar que los pájaros vuelen alrededor de nuestra cabeza. No obstante, sí podemos evitar que hagan nido en nuestro cabello.

Cuando los novios van aumentando su tolerancia y haciéndose más permisivos, experimentarán más excitación en sus encuentros con caricias y besos. Cada vez es más difícil dominar tus pasiones y limitar tus deseos, por ello el contacto físico debe ser elemental para que no los lleve a un pecado sexual.

La existencia de la pasión no autoriza su satisfacción

En una conferencia, un joven me preguntó: «¿Por qué debo evitar hacer algo que ambos sentimos tan apasionadamente? Si ambos estamos de acuerdo y lo deseamos intensamente, ¿por qué no tener relaciones sexuales?»

La pasión sexual es natural y va en aumento con el paso de los años. Aumenta mucho más mientras más te involucras en asuntos sexuales. Los pensamientos primarios que tenemos cuando vemos a una mujer hermosa o un hombre atractivo no son pecaminosos. Pero sí pecamos cuando utilizamos nuestra imaginación para fantasías. El solo hecho de ver a una persona y admirarla por su atractivo no es pecado. Cuando estás buscando una pareja para casarte y te sientes atraído(a), no estás pecando. Cuando los novios mantienen su atracción, no viven en pecado. No podemos evitar aquellas sensaciones naturales, pero podemos evitar que estas comiencen a maniobrar nuestra mente y que nos instiguen al pecado sexual.

Mientras más liberal es el sistema de pensamiento de una sociedad, más alejada está de los valores morales cristianos que se fundamentan en los valores absolutos que Dios estableció y más motivará a los jóvenes a satisfacer sus pasiones sin restricciones. Quienes por falta de valores morales saludables y falta de principios basados en la Palabra de Dios creen que deben tener relaciones sexuales porque experimentan una fuerte pasión están en dificultades. La sociedad liberal prefiere entregarles condones para que eviten el embarazo y las enfermedades venéreas en vez de enseñarles abstinencia y compromiso matrimonial para que eviten jugar con sus sentimientos y los de otras personas.

Estoy convencido de que la sexualidad es uno de los regalos más preciosos que el ser humano ha podido recibir. Sin embargo, la presencia de ese deseo genuino y natural, de ninguna manera justifica su satisfacción en cualquier circunstancia ni con cualquier persona.

❧ ❧ ❧

Creo que es sabio dar una seria advertencia para quienes creen que sólo porque Dios creó el sexo para que sea una pasión que debe ser satisfecha, tienen la libertad de practicarlo cuando quieren. El mensaje claro que encontramos en los consejos divinos es que la existencia del poder no justifica su satisfacción. Los valores divinos enseñan que no porque exista ese poder de realizar algo, es apropiado hacerlo sin reglas ni límites. El solo hecho de que no hayas comido por días y que por

> *La existencia de la pasión sexual que experimentamos por diseño y creación divinos no nos autoriza a satisfacerla de acuerdo a nuestras erróneas ideas humanas.*

❧ ❧ ❧

ello experimentes un fuerte deseo de satisfacer tu necesidad no justifica que decidas romper las reglas para hacerlo. No puedes entrar a un restaurante y robarte la comida sólo porque tienes mucha hambre, sin sufrir consecuencias por quebrantar las leyes. Tampoco puedes evitar las consecuencias si determinas que porque tiene deseos, también tienes justificación para desobedecer las órdenes divinas y rebelarte.

La existencia del deseo no justifica la satisfacción

En una conferencia, Felipe, ante una audiencia de cinco mil jóvenes, no tuvo problemas para lanzar una afirmación verdadera y una pregunta directa. «Señor Hormachea, usted afirmó durante su conferencia que Dios fue el que nos dio esta capacidad del sexo. Si Dios me dio la capacidad de aprender, reírme, comer, eso tengo que hacer. ¿Por qué esta área tiene que ser la excepción? ¿Por qué no puedo utilizar mi capacidad para tener relaciones sexuales si Dios mismo me dio el poder para tenerlas?»

La respuesta es sencilla. Dios estableció determinado orden para todas las cosas. No debemos comer cuando queremos, como queremos y lo que queremos, y creer que viviremos saludablemente. Podemos hacerlo y muchos lo hacen, pero no es saludable. Muchos sufren las consecuencias por hacerlo sin evitar lo dañino ni buscar lo nutritivo. Podemos comer fuera de las horas, pero provocamos enfermedades. No existe duda que todos tenemos derecho y la capacidad de dormir, pero para vivir saludablemente debemos tener horarios ordenados y descansar lo aconsejable y de la forma apropiada. Muchos no lo hacen así, siguen sus propias reglas y por ello sufren las consecuencias. El dormir menos de lo requerido o más de lo debido afecta la vida normal de una persona. No es sabio hacerlo. Es verdad que Dios nos dio esa capacidad sexual para usarla, pero no cuando se nos ocurra a nosotros. Podemos hacerlo, pero cuando utilizamos ese poder de manera inapropiada, sin seguir las leyes del Creador al respecto, no podemos vivir vidas emocionales saludables. Ese poder debe ser usado con la persona, en la circunstancia, en el momento y en el tiempo adecuados. Entendiendo por tiempo adecuado el designado por Dios y no por los valores relativos de las culturas diversas.

No tengo ninguna duda que el poder para disfrutar de las relaciones sexuales está en nosotros, pero debemos hacerlo cuando la autoridad divina lo permite. Esto que escribo no es nada nuevo. Se aplica en todos los campos de la vida y no debe sorprendernos que Dios demande lo mismo. Por ejemplo, quien ingresa al ejército de su país recibe el entrenamiento indispensable para manejar armas de fuego. Imagina que pasas por todo ese entrenamiento y después de recibir el arma asignada eres enviado a patrullar la frontera. No sólo tienes la capacidad de disparar, sino que tienes a tu disposición el arma necesaria. Debido a que recibiste la autoridad y tienes el poder para manejar tales armas, ¿significa que puedes usarlas a tu antojo? Por supuesto que no. Junto con el poder y la capacitación recibiste regulaciones y órdenes que debes cumplir. No sólo se te instruyó para que utilices el arma sino para que emplees tu inteligencia, tu prudencia y sabiduría. Lo mismo es verdad en el campo de la sexualidad. Tenemos el poder pero no para usarlo indiscriminadamente.

Dios nos dio el poder y la capacidad de tener relaciones sexuales y todos deberíamos ser entrenados con excelencia en el uso de esta habilidad para que sometidos a las leyes divinas experimentemos el gozo de la intimidad. Dios nos dio la capacidad sexual para usarla, pero es pecado hacerlo usando nuestro propio criterio. Dios no dejó la práctica de la sexualidad humana sujeta a los criterios personales. Si así fuera, tendríamos que admitir que quien piensa que debe tener relaciones sexuales con menores podría hacerlo pues su práctica sexual depende de su criterio. Si esa práctica dependiera del criterio de las personas también debería permitirse las relaciones sexuales con animales pues es el deseo de un individuo y a cada persona se le debe permitir que haga lo que piensa. Tú y yo sabemos que nadie debe hacer lo que quiere sólo porque sus valores se lo permiten.

Dentro del plan de Dios, el instinto sexual es bueno, es una fuente poderosa de vida y de unidad entre dos seres humanos, pero actuar fuera del plan de Dios lo convierte en lujuria. Al actuar irresponsablemente el sexo puede ser un instrumento de división en vez de unidad, una fuente de crueldad en vez de una expresión genuina de amor, una muestra de perversión y manipulación en vez de demostraciones de aprecio y ternura.

Quisiera agregar algo importante que lamentablemente muchas personas ignoran. Dentro de la voluntad de Dios la unión sexual cumple el propósito divino solamente cuando es una expresión del genuino y verdadero amor. Me refiero a ese amor transparente que desecha expresiones egoístas y todo intento de manipulación. Ese verdadero amor que no ignora las necesidades del ser querido por buscar la satisfacción propia.

CONSECUENCIAS LAMENTABLES DEBIDO AL INCUMPLIMIENTO DEL PROPÓSITO

Cuando actúas en desobediencia no puedes cumplir el propósito divino para el noviazgo. Cuando no guardas la Palabra de Dios no cumples el propósito, y cuando no cumples el propósito por un acto de rebelión, Dios te disciplinará. La Biblia afirma en Gálatas 6.7-8:

«No os engañéis, Dios no puede ser burlado. Todo lo que el hombre sembrare, eso también segará. Porque el que siembra para su carne, de la carne segará corrupción; mas el que siembra para el Espíritu, del Espíritu segará vida eterna».

La existencia del poder que Dios nos dio para satisfacer nuestra necesidad sexual no justifica su satisfacción de una forma pecaminosa e inmoral.

Dios nos ama tanto que como buen Padre no podría evitar la disciplina cuando decidimos ignorar sus mandamientos. Al pueblo de Israel, en varias ocasiones le advirtió: «Yo he puesto delante de ustedes bendición y maldición. Bendición si obedecen mis mandamientos, maldición si desobedecen mis mandamientos».

Esa es una gran verdad que continúa vigente. Dios pone frente a nosotros la opción de ser bendecidos o evitar la bendición y ello depende de nuestra obediencia o nuestra rebelión.

Observemos algunas de las consecuencias lamentables por el incumplimiento del propósito divino.

Las caídas: pasiones naturales sin control

Los jóvenes y señoritas están siendo bombardeados con las ideas de una sociedad que no tiene interés en Dios y los valores absolutos. Esto motiva a que muchos inicien su vida sexual en la adolescencia. Esas caídas pecaminosas han sido motivadas por la falta de control de las pasiones naturales y producen efectos terribles que son difíciles de manejar.

Señoritas en busca de amor

Muchas señoritas buscan desesperadamente satisfacer su necesidad de amor y por ello, con la orientación errónea de la sociedad, juegan al sexo para conseguirlo. Algunas, vacías de amor, buscan desesperadamente conseguir llenar ese vacío y juegan al sexo para presentar una llamativa carnada a los muchachos hambrientos de carnalidad. Muchas chicas se visten sensualmente para atraer a los muchachos que les han impresionado y a quienes quieren conquistar. No hay nada de malo en vestirse bien, con dignidad, con pudor; al contrario, aconsejo a los jóvenes y señoritas que se vistan bien, pero también les animo a que tengan cuidado y eviten irse a los extremos pues la moda cada vez incita más a vestirse provocativamente sensual.

Hay señoritas que proceden de hogares destruidos y buscan amor porque tienen serios problemas con sus padres, no se llevan bien con sus hermanos y no encuentran cariño ni ternura en sus hogares. Necesitan a alguien con quien conectarse. Su búsqueda es sincera, es una búsqueda de amor genuino, pero la técnica que el sistema liberal de este mundo les enseña está basada en las pasiones sexuales. Dios creó a las señoritas con esa necesidad de amar y ser amadas, pero muchas de ellas en su búsqueda por satisfacer esa necesidad, se muestran muy provocativas.

Muchas señoritas motivadas por la filosofía mundanal con énfasis en la sensualidad usan consciente o inconscientemente provocativos anzuelos con carnadas de sensualidad para conseguir amor y amistad sincera. Sin embargo, la carnada sexual no consigue amor sino sexo.

Jóvenes en busca de pasiones

Muchos jóvenes influenciados por el sistema de los valores relativos del mundo buscan con desesperación satisfacer sus pasiones sin una estructura sabia de buenas convicciones. La mentalidad de este mundo los enseña a jugar al amor para conseguir sexo.

Ellos no parten necesariamente pensando que en toda relación con una chica jugarán al amor para conseguir acostarse con ella. Aunque existen jóvenes así, la gran mayoría no planifica acostarse con todas las chicas que se lo permitan. Sin embargo, todas las chicas con quienes eligen tener un noviazgo son para ellos atractivas y si llegan a disfrutar de besos y abrazos apasionados, por supuesto, poco a poco serán tentados. Ese mayor contacto va produciendo más pasión, pasión que demanda ser satisfecha y que sólo puede ser controlada por alguien que ame a Dios, tenga un serio compromiso de vivir en obediencia y que conoce los límites establecidos por Él.

En este mundo de sensualidad todos los hombres aprendemos a jugar con el amor. Aprendemos a decir las palabras correctas y que pueden sortear los límites y llegar al corazón. Aprendemos a utilizar el romanticismo astutamente porque eso nos permite la conquista del corazón de una chica. Mediante la conquista podemos tener una experiencia cariñosa y cuando pasamos más y más temporadas de caricias, nuestra pasión va creciendo hasta llegar —en la gran mayoría de los casos, sino en todos— al deseo sexual. Cuando nos enamoramos de una chica y pasamos tiempo con ella se crea una mezcla de romanticismo, sentimientos de cariño crecientes y deseos sexuales. La mayoría de los varones tenemos una forma más sensual de ver la vida. Somos excitados primariamente por lo que vemos y con solo mirar podemos comenzar un proceso de excitación. Sabemos conquistar el corazón sensible de una mujer con el romanticismo. Este nos lleva, nos mueve a ser sentimentales, generosos, soñadores, atentos y respetuosos. Con esta herramienta jugamos al amor, demostramos amor y proyectamos amor. Las chicas están esperando que alguien las ame y nosotros sabemos que el romanticismo comunica sentimientos. Los detalles que muestran nuestra atención y respeto impactan a nuestro objeto de conquista.

Nuestras canciones, las cartas que escribimos, las flores que enviamos, el regalo que compramos es todo parte de un juego genuino que despierta una respuesta en la mujer. Con eso tocamos el corazón necesitado de amor de la chica y cuando ella responde a las atenciones románticas, motiva al muchacho a seguir tratando más inteligentemente. Así el hombre continuará reaccionando en un gran porcentaje motivado por su pasión o deseos sexuales. Los besos, las caricias elevan la pasión y aumentan el deseo sexual. Con el aumento del contacto físico aumentan las pasiones, por eso se avanza a las relaciones sexuales antes del matrimonio.

✿ ✿ ✿

Los jóvenes que no tienen una estructura de valores basados en los mandamientos divinos inerrantes, son motivados por el sistema de pensamiento mundanal para que presenten a las chicas necesitadas de cariño, un anzuelo con una carnada de amor para conseguir relaciones sexuales estimulantes.

✿ ✿ ✿

Por esto afirmo que muchos jóvenes juegan al amor para conseguir sexo. Las cartas que muchos escriben hablan de amor, pero en realidad muchas son astutas estrategias sensuales que preparan el ambiente para llegar al momento de emoción y lujuria que desea su motivación pasional. Las consecuencias de vivir conforme a las pasiones y sin tomar en cuenta el plan y las restricciones divinas son secuelas dolorosas con efectos terribles.

LAS CONSECUENCIAS: SECUELAS DOLOROSAS CON EFECTOS TERRIBLES

Todo lo que rompe el propósito de Dios sufrirá consecuencias. Si el origen del objetivo para la sexualidad humana es la maravillosa idea y planificación divina, es erróneo seguir nuestros deseos humanos o las ideas pecaminosas de la sociedad cuando estas están reñidas con los mandamientos de la palabra de verdad. Todo lo que hacemos no tiene sentido cuando hacemos lo que no fue planificado por Dios, o cuando no entendemos el propósito de su creación, aunque tengamos la mejor intención. Podemos tener sexo, pero al no obedecer los mandatos y planificación divina, todo perderá su sentido. Salomón te lo puede decir. Al escribir el libro de Eclesiastés nos entrega conclusiones impresionantes. Un hombre que tenía el dinero que todos nosotros quisiéramos, el poder que todos los hombres anhelamos y cerca de mil mujeres para satisfacer sus pasiones sexuales inicia el libro de Eclesiastés, su diario de vida, diciendo que todo es vanidad. Eso significa que todo es sin sentido. No quiere decir que el tener una excelente situación económica es sin sentido, o que tener poder es irrelevante, o que la vida sexual no tiene sentido. Su enseñanza es que todo lo que hagamos y tengamos en la vida carece de sentido cuando queremos disfrutarlo de acuerdo al sistema mundanal que no toma en cuenta a Dios. Cuando seguimos el desenfreno del mundo y una vida sin reglas de moralidad, todo pierde su sentido original, nos vamos contra el propósito de la creación divina y seremos objetos de su disciplina.

Al finalizar su diario de vida, la conclusión de Salomón fue que el fin, el propósito de la vida del hombre es dual. Primero, temer a Dios, es decir, amar lo que Dios ama y odiar lo que Dios odia; y segundo, guardar sus mandamientos, es decir, vivir una vida de obediencia. Eso traerá al hombre una vida de paz, de desarrollo sabio y de excelencia, pero la desobediencia producirá dolorosas consecuencias.

Las consecuencias de la disciplina divina

Aparentemente la gente ha quedado con la idea de que la gracia quita las consecuencias, pero la Biblia y los testimonios que aparecen en ella nos dicen lo contrario. La Biblia nos afirma que la gracia no quita las consecuencias del pecado de la misma manera como no desaparece el dolor del brazo de un niño instantáneamente cuando este pide perdón después de caerse por desobediente.

Creo que si David pudiera levantarse de la tumba y estuviera sentado leyendo este libro confirmaría mis palabras. Ese pecado horrible en la vida de David le llevó a tremendos conflictos, como pocos padres en la tierra han tenido que experimentar. Para hacer seria mi advertencia, quiero que notes las gradas destructivas que fue bajando David hasta llegar a la miseria, y todo como consecuencia de su pecado, como consecuencia de decir «sí» a lo que Dios decía «no».

Sentencia dura para un hijo desobediente

David vivió duras consecuencias por su terrible acto de desobediencia. Este hijo de Dios decidió rebelarse contra el Padre y no vivir en la pureza que el Dios santo demandaba. El rey David, un hijo amado por Dios que intentaba vivir con excelencia, pecó por no controlar sus pasiones y tuvo que recibir la terrible sentencia que revelaba las horribles consecuencias.

En 2 Samuel 12.7, el profeta Natán, que había sido enviado por Dios para confrontar el pecado del rey, le dice:

«Tú eres aquel hombre».

O sea, tú eres el desobediente. Tú eres el que ignoró los mandamientos de Dios por seguir tus pasiones. Tú eres el adúltero, tú eres el que te acostaste y tuviste relaciones sexuales fuera del matrimonio con una mujer bella que te produjo una gran tentación.

El profeta se paró delante del rey y le dijo lo que nadie le había dicho durante algunos años de su vida. «Tú eres el que tomó a Betsabé cuando no te pertenecía. Tú la usaste para satisfacer tus pasiones. Tú eres aquel que asesinó a Urías, el esposo de Betsabé para tratar de ocultar el embarazo de ella y tu adulterio. Tú eres el que ha vivido todo este tiempo como un hipócrita, tú eres aquel hombre David».

❖ ❖ ❖

Aunque algunos tienen la idea de que la abundante gracia divina siempre quita las consecuencias de los pecados humanos, la Biblia y los testimonios que aparecen en ella nos dicen que Dios perdona todos los pecados cuando los confesamos, pero no siempre elimina las consecuencias, aunque nos arrepintamos.

❖ ❖ ❖

Ni por un momento piense que David se rebeló nuevamente. Más bien cambio su actitud y se humilló. Ahora lo habían descubierto. Todo su plan para ocultarlo había fracasado. De paso te digo que todo plan para ocultar pecados delante de la gente tiene posibilidades de éxito, pero nadie tiene éxito al tratar de ocultar su pecado delante de Dios. Ustedes, joven y señorita, pueden guardar el secreto, o pueden realizar un aborto y creer que todo quedó oculto, pero nada está oculto ante Dios. David entendía eso. Él no se rebeló esta vez. Más bien fue sincero y admitió su pecado. En el versículo 13 David responde:

«Pequé contra Jehová».

Cuatro palabras que debería haber dicho inmediatamente después de haber pecado. Pero no lo hizo. Estoy convencido que las consecuencias habrían sido menores si hubiera actuado inmediatamente declarando su pecado y confesándolo abiertamente delante del pueblo y de Dios. No lo hizo, y un pecado lo llevó a otro y a otro y a otro y tratando de esconder su maldad fue cavando cada vez una tumba más honda. Luego de diez, once, doce meses, Natán le dice: «Tú eres aquel hombre David». Y él responde: «Yo he pecado».

Ante la sincera confesión de David, notarás el profundo amor y la gracia de Dios cuando el profeta le dice que su pecado ha sido perdonado. No obstante, el perdón del pecado cometido no significa que las consecuencias han sido eliminadas. Observa con temor la terrible predicción que Natán hace bajo la guía e inspiración de Dios. Lee con cuidado el versículo 10:

«No se apartará *jamás* de tu casa la espada, por cuanto me menospreciaste».

Si estás pensando: «Pero creí que Dios lo había perdonado», te diré que estás en lo correcto. El Señor recibió su confesión y le dijo: «No morirás», eso es perdón, pero no dice nada acerca de eliminarle las consecuencias. Lo que le dice es que vendrán severas consecuencias a pesar de su confesión y el perdón recibido. Natán le entrega la terrible sentencia diciendo: «La espada nunca se apartará de su casa».

No estoy diciendo que todo aquel que peca sufre las mismas consecuencias. Dios en su forma soberana de tratar las situaciones personales permite las consecuencias adecuadas a cada persona. Si me preguntas, ¿por qué Dios elige que unos vayan en un camino más profundo y otros no? No lo entiendo. Lo único que sé es que, en el caso de David, lo llevó por la senda de la miseria, para que nunca olvidara —y nosotros tampoco— que cometer esa serie de actos pecaminosos traerá, de acuerdo a la decisión divina, serias consecuencias personales y muchas veces dolor y angustia a nuestra familia inocente del pecado que cometimos.

Dios le dice a David: «No se apartará jamás la espada de tu casa», y luego agrega: «Yo haré levantar el mal sobre ti de tu misma casa».

Dos veces en el mismo versículo se repite esto: «De tu propia casa». Esto significa que en su propia familia comenzarían y se desarrollarían los conflictos. Ese fue el futuro de la vida de David. Vivió bajo una constante amenaza dentro de su misma familia.

Job 4.8 es un versículo que deberíamos recordar pues allí se registran las palabras de Elifaz que dice:

«Como yo he visto, los que aran iniquidad, y siembran injuria,
la siegan».

El pasaje que encontramos en Oseas 8.7 dice que por sembrar rebelión y pecaminosidad cosecharían inmenso dolor. Por ello les advierte que Israel «sembró viento y segará torbellino». Aunque es dolorosa, esa es la verdad de las consecuencias y la Biblia está llena de advertencias y testimonios que la certifican.

Juan Lawrence escribió un libro titulado *Abajo en la tierra*, con un subtítulo que decía: «Las leyes de la cosecha». Allí traza esta verdad respecto a que cosecharemos lo que sembramos. Y nos muestra siete leyes de la cosecha. Mientras revisaba ese libro me causó un poco de intriga la segunda ley, pues certifica que la cosecha será de la misma naturaleza de la siembra. Observa lo que dice:

«Cuando David sembró, sembró en la carne, y luego cosechó lo que la carne había producido. Tuvo que soportar las consecuencias aunque había confesado su pecado y había sido perdonado por esto».

Subraya, marca, resalta esto en lo más profundo de tu mente: la confesión y el perdón de ninguna manera detienen la cosecha. David sembró, David cosechó. El perdón estuvo, pero las consecuencias también. Este es el énfasis que el apóstol Pablo está dando a los gálatas, aunque sea la época de la gracia. No debemos ser engañados, porque Dios no puede ser burlado, y todo lo que sembremos eso cosecharemos, no hay excepción.

Tristemente nuestra teología tan simplista nos ha llevado a creer cosas equivocadas. Para tratar de dominar la culpabilidad algunos piensan que las consecuencias van a ser removidas. Esto ha llevado a que la gente actúe sin pensar, creyendo que está bien comprometerse con las pasiones de la carne sólo porque existe gracia y perdón.

Dios le dijo a David que una de las consecuencias sería que su pecado se repetiría entre sus hijos:

> «He aquí yo haré levantar el mal sobre ti de tu misma casa, y tomaré tus mujeres delante de tus ojos, y las daré a tu prójimo, el cual yacerá con tus mujeres a la vista del sol».

La serie de consecuencias que experimentaron David y su familia parecía interminable. En 2 Samuel 16 encontrarás exactamente cómo se cumplió. Su propio hijo Absalón cohabitó con las esposas de David en un acto escandaloso. Luego vino otra de las consecuencias terribles que fue la muerte del niño que había nacido como producto de la relación de adulterio. La Biblia certifica esto cuando dice:

> «Y Natán se volvió a su casa. Y el Señor hirió al niño que la mujer de Urías había dado a David, y enfermó gravemente».

En el capítulo 13, versículos del 1 al 14, aparece otra consecuencia y al leerlo te darás cuenta que está lleno de desgracias.

Amnón, otro hijo de David y medio hermano de Tamar, se enamoró perdidamente de esta. En 2 Samuel 13.1 dice:

> «Aconteció después de esto, que teniendo Absalón, hijo de David, una hermana hermosa que se llamaba Tamar, se enamoró de ella Amnón, hijo de David».

El versículo 2 agrega:

«Y estaba Amnón angustiado hasta enfermarse por Tamar su hermana, pues por ser ella virgen, le parecía a Amnón que sería difícil hacerle cosa alguna».

Amnón, motivado por la misma pasión desenfrenada que era producto de su naturaleza pecaminosa y que fue animada por los terribles ejemplos de su padre, violó a su media hermana y su comportamiento criminal reveló otra de las estocadas de la espada de Jehová.

Otra consecuencia del pecado de David fue un increíble odio entre los hermanos.

Absalón, el hermano de Tamar y también medio hermano de Amnón no le habló a este por dos años. La violación de Tamar provocó una angustia y resentimiento tales que Absalón nunca pudo liberarse de ellos y odiaba lo que había hecho su hermano. Por lo que comienza un pequeño plan engañoso que concluye cuando mata a su hermano Amnón.

Tristemente allí no acaban las consecuencias pues luego se inició la sedición y la huída de Absalón, que más tarde vuelve para rebelarse contra su padre y quitarle el trono. Finalmente, después de la violación de la hermana de Absalón, después de la conspiración de un hijo, de la rebelión de su hijo, del odio, del asesinato, David está sentado allí en el palacio sufriendo con una angustia increíble por las terribles consecuencias de una noche de placer. Pero lamentablemente allí no termina su dolor pues en el capítulo 18 versículo 32 dice:

«El rey entonces dijo al etíope: ¿El joven Absalón está bien? y el etíope respondió: Como aquel joven sean los enemigos de mi señor el rey, y todos los que se levanten contra ti para mal».

Era la forma más suave de decirle: «David, tu hijo murió como deben morir todos tus enemigos». El versículo 33 nos muestra el terrible dolor de alguien que decidió salirse del propósito de Dios para la vida matrimonial y la vida sexual y por ello sufrió dolorosas consecuencias. Lee con detenimiento este versículo:

«Entonces el rey se turbó, y subió a la sala de la puerta, y lloró; y yendo, decía así: ¡Hijo mío Absalón, hijo mío, hijo mío Absalón! ¡Quién me diera que muriera yo en lugar de ti, Absalón, hijo mío, hijo mío!»

Al final de este versículo bien podríamos escribir:

«No os engañéis, Dios no puede ser burlado, todo lo que el hombre sembrare eso también segará».

Si tomas livianamente la gracia de Dios, si estás caminando por los corredores del palacio de tu adolescencia y juventud creyendo que porque tienes poder para tener un noviazgo de caricias, besos y sexo, si crees que porque tienes placer debes disfrutarlo y porque tienes pasión debes alimentarla, te ruego que recuerdes que todo lo que se sale del propósito divino sufrirá consecuencias, y esto te incluye a ti.

El terrible alcance de las consecuencias de la desobediencia

No existe ninguna duda de que los pecados de los seres humanos son la causa no sólo de nuestra infelicidad, sino de la infelicidad de quienes nos aman. Es que Dios nos creó para que vivamos en santidad y no sumergidos en el pecado. Él determinó que los seres humanos vivamos bajo las más altas reglas de moralidad y no en los desvíos de nuestra maldad. Él quiere que las relaciones sexuales se realicen dentro del matrimonio y entre un hombre y una mujer que tienen un compromiso de amarse y cuidarse toda la vida, no entre dos adolescentes, jóvenes o adultos que toman decisiones movidos por sus pasiones. Él determinó que debíamos ser buenos mayordomos de nuestro cuerpo y luchar contra nuestra tendencia a satisfacer nuestras pasiones sin restricciones. Dios diseñó la vida para que haya respeto por la propiedad, para que no codiciemos, para que no adulteremos, para que los hijos honren a los padres y los padres críen en disciplina y amonestación basada en los valores divinos a sus hijos. Dios diseñó que haya hombres y mujeres, solamente dos sexos. Dios determinó que los padres no abusen de los hijos y condena el bestialismo, el abuso infantil, el aborto, el asesinato, el robo, la mentira y las relaciones sexuales fuera de la unión conyugal. Quienes ignoran sus mandamientos y viven de acuerdo a sus emociones humanas y no bajo las convicciones divinas, quienes viven movidos por sus pasiones carnales y no por las más altas convicciones morales sufrirán no sólo efectos espirituales, sino también consecuencias físicas y emocionales.

Las dolorosas consecuencias físicas

El rey David conoció de cerca el dolor de las consecuencias físicas, no sólo en su vida, sino con angustia debió observarlas en las de sus seres queridos. No sólo su cuerpo envejeció, sino que el de sus hijos sufrió. Su hija violada y sus hijos asesinados son terribles consecuencias. Su testimonio de dolor relatado en la Biblia nos grita sus sabias advertencias. En el Salmo 32 David dice:

> «Mientras callé envejecieron mis huesos en mi gemir todo el día porque de día y de noche se agravó sobre mí tu mano. Se volvió mi verdor en sequedades de verano».

Implícito en su confesión está el reconocimiento de los problemas que experimentó como consecuencia de su rechazo a ajustarse a los mandamientos divinos. «Mientras callé envejecieron mis huesos» significa que experimentó serios problemas físicos. Mientras vivió ocultando su pecado su cuerpo sufrió. David notó que su ser sufría los efectos de su pecado. Tal vez los problemas espirituales que experimentaba y los conflictos emocionales produjeron enfermedades sicosomáticas y veía cómo su cuerpo decaía día a día.

❖ ❖ ❖

Dios ordena que las relaciones sexuales se realicen dentro del matrimonio y entre un hombre y una mujer que tienen un compromiso de amarse y cuidarse toda la vida, no entre dos adolescentes, jóvenes o adultos que toman decisiones pecaminosas movidos por sus pasiones.

❖ ❖ ❖

Por un momento te invito a reflexionar en las desastrosas consecuencias que pueden experimentar quienes deciden rebelarse contra el
propósito divino para el noviazgo entre dos seres humanos:

Embarazos no deseados. Muchas chicas han compartido conmigo su
dolor. Un embarazo no deseado es traumático. Si produce efectos en
una mujer casada que aun no deseaba o que ya no quería tener más
hijos, cuanto más efecto traumático producirá en una chica que por un
momento de placer queda embarazada. Cuanto más dolor sufrirá esa
chica inmadura y sin apoyo de alguien que realmente le ame y que trae
al mundo a un hijo no deseado que, además, sufre por tener que esconder la verdad de sus padres y sabe que todo el futuro que había planificado ha cambiado radicalmente.

Si eres un hijo o una hija que viniste al mundo sin ser deseado(a),
y tus padres te lo dijeron o lo escuchaste en alguna pelea que tuvieron
o has notado el trato inapropiado por tu calidad de «inesperado(a)»,
sabes de lo que estoy hablando. Sabes lo que es venir al mundo sin planificación y luego que no te traten con cariño. Sabes lo que es sentir
que tus padres te vieron más como un estorbo que como un hijo que
amaban y que en vez de llenarles de alegría y satisfacción, vivían en un
mundo de resentimiento y frustración.

Enfermedades de transmisión sexual. Algunas de las enfermedades
que contraen los jóvenes como consecuencia de su rebelión son las
siguientes: gonorrea, sífilis, clamidea, herpes, papiloma y el terrible
sida. Aunque el mundo siempre trate de suavizar las consecuencias de
nuestros desvíos sexuales, las estadísticas siguen confirmando que no
hay buenas consecuencias en la rebelión. La verdad es que el porcentaje de personas que adquieren sida por medio de un contagio sexual es
de 84%. El 4% puede obtenerlo por medio de transfusiones de sangre.
Un 1% son drogadictos, y un 2% ha sido producto de la transmisión
de una madre a su hijo en el período de embarazo.

Dios planificó la vida sexual para que se desarrolle entre un hombre y una mujer, en una relación matrimonial fiel y para toda la vida.
Dentro del contexto del matrimonio, los cónyuges tienen relaciones

tan limpias física, emocional y espiritualmente que no sufren ni enfermedades venéreas, ni del alma ni menos conflictos emocionales.

El aborto. También podemos definirlo como el asesinato del hijo no deseado. Muchas señoritas me han escrito y contado el inmenso dolor que experimentan por haberse realizado un aborto. Muchas sufren constantemente y se agrava su dolor cada cumpleaños del hijo que fue asesinado. Es triste que todos podemos cometer este pecado. Como nadie nos enseñó con profundidad la gravedad de este pecado, podemos cometerlo sin pensar en lo serio de nuestra rebelión y las consecuencias que trae. Muchos cometemos serios pecados debido a ignorancia. Por ello, escribo para que los jóvenes que amo no ignoren que el aborto es un pecado y les advierto para que no lo cometan y así tengan paz y eviten severas consecuencias.

La muerte. No solamente es difícil pasar por todo el sufrimiento que incluye la enfermedad, sino incluso morir víctima del sida. No sólo es terrible escuchar el dolor y la confusión de las chicas que son usadas por depredadores sexuales en busca de un simple momento de placer, sino también es impresionante verlas, debido a la confusión y depresión por un embarazo no deseado, intentando quitarse la vida. He visitado en los hospitales a chicas que en su desesperación tomaron una sobredosis de pastillas intentando terminar con su dolor y confusión. Algunas que han compartido su dolor de quedar embarazadas cuando no lo planificaban, experimentaban gran sufrimiento por tener que ocultar toda su situación a sus padres. A eso le puedes añadir la angustia que sienten porque el muchacho después de usarlas no quiso saber nada de ellas. Así, a muchas chicas las han dejado solas, confundidas, deprimidas y en la situación emocional precisa para desear y aun intentar morir.

Las traumáticas consecuencias emocionales

Al vivir en pecado y ocultarlo, David no sólo experimentó dolorosas consecuencias físicas sino que además sufrió las traumáticas consecuencias emocionales. Nota lo que agrega en su salmo:

«En mi gemir todo el día».

Sus palabras denotan la angustia emocional diaria y permanente que experimentó mientras intentaba vivir con pecados escondidos. Después del placer del encuentro sexual, después del pecado cometido, después de la rebelión contra los mandamientos divinos, es imposible que uno experimente paz, aunque quien lo esté intentando sea el extraordinario poeta, cantor y rey de Israel.

Ningún hijo de Dios puede experimentar paz en medio de la guerra pecaminosa que ha elegido vivir. David intentó ocultar su pecado, planificó varias estrategias para que nadie se diera cuenta que su amante, la esposa de Urías, estaba embarazada. Su mundo emocional estaba totalmente confundido, sus emociones tan alteradas que vivía en un mundo de angustia y depresión que le llevó aun a matar al marido de su amante.

Es indudable que rebelarse contra los designios divinos produce también severas consecuencias emocionales. Sólo piensa en esto, ¿con cuántas personas un joven o una señorita puede compartir su cuerpo y evitar que sus emociones sean dañadas? Cada vez que compartes tu ser con alguien, ya sea mental, emocional o físicamente, algo produce en tu vida emocional. El apóstol Pablo escribiendo a los corintios les advierte que cualquier otro pecado está fuera del cuerpo, pero las relaciones sexuales fuera de la Palabra de Dios une de tal forma a las personas que dejan una secuela terrible en sus vidas.

El permitir que jueguen con las emociones, o jugar con las emociones de otros trae severas consecuencias. Imagínate que comienzas a abrazarte, ilusionarte, escribir cartas amorosas, sentir profunda pasión, sentir alegría, enojarse, sufrir y finalmente, terminar esa relación. Imagínate que lo comienzas a hacer a los catorce años. Imagina que te casas a los veinticinco y has tenido un novio cada dos años. Podrías tener cinco o seis novios con quienes has vivido las mismas experiencias. Te has sentido amada, ilusionada, admirada, respetada y luego poco a poco se va enfriando la relación y comienzan a ignorarte, evitan verte, te hieren, te maltratan, te desilusionan y finalmente te abandonan. Imagínate con cuántas personas has unido tus emociones y a cuántos les has permitido que jueguen contigo. Mucho más terribles son las consecuencias si con uno, dos, tres o con todos ellos has tenido relaciones sexuales. ¿Crees que llegarás emocionalmente sano o sana a la vida conyugal? Por supuesto que no. No sólo has permitido que jueguen con tus emociones, sino que has jugado con tus emociones y has decidido no vivir por las convicciones bíblicas sino movido por tus pasiones.

Problemas con tu autoestima. Una de las consecuencias de desobedecer a Dios y jugar con tus emociones es experimentar una baja autoestima. Las chicas que permiten que tres, cuatro o cinco muchachos en un período de varios años jueguen con sus sentimientos y lleguen a tener una relación amorosa profunda, están muy equivocadas si piensan que después de permitir ese juego amoroso van a tener una estima saludable. Nadie puede darse un alto valor y sentir que ha cuidado su dignidad y valorado su vida si ha permitido que jueguen con sus sentimientos, si ha autorizado que distintos hombres toquen su cuerpo, que algunos la usen y luego la abandonen. Tristemente cada relación que va penetrando las emociones y tocando los sentimientos puede dejar grandes marcas en una persona.

La autoestima es el valor que nos damos a nosotros mismos y es clave para el desarrollo de nuestra vida. Alguien que ha permitido experiencias extremas de alegría y dolor, de ilusión y desilusión, de cercanía y lejanía, con distintos novios o novias y está en sus años de adolescencia y juventud caracterizados por la inmadurez, está dejando marcas innecesarias en su vida emocional que después serán difíciles de manejar. Le será muy difícil tener una relación conyugal saludable quien tuvo relaciones prematrimoniales enfermas.

Para algunas personas será muy difícil, y para otras imposible, tener una relación conyugal saludable si en su juventud tuvieron relaciones prematrimoniales enfermas.

Problemas de culpabilidad. La culpa es saludable cuando nos lleva a confesar nuestros pecados y arrepentirnos, pero cuando decidimos rebelarnos contra Dios y esconder nuestras faltas, puede ir acrecentando al punto que nos va dañando. Si por años jugamos con nuestras emociones teniendo relaciones no agradables a Dios, en algún momento experimentaremos un sentido de culpa que puede acompañarnos por muchos años, o para siempre, si no lidiamos con ellos saludablemente.

Una chica o un muchacho con principios cristianos y que tiene el Espíritu de Dios en su vidas es obvio que experimente sentimientos de culpa cuando actúa en desobediencia. El Espíritu Santo es el encargado de traer convicción y guiarnos al arrepentimiento. Él no dejará tranquilo a los hijos de Dios que se rebelan y cuando los novios cristianos deciden tener un noviazgo de acuerdo a sus planes, pero fuera del propósito de Dios, ese Espíritu les producirá culpabilidad y contrición. Sin embargo, si rechazan la guía del Espíritu y deciden permanecer en un noviazgo fuera del propósito de Dios, experimentarán severos sentimientos de culpabilidad.

Una hija de Dios no puede estar tranquila acariciándose apasionadamente, besándose sensualmente, permitiendo caricias en partes íntimas, excitándose y permitiendo ser excitada, cuando sabe que ese no es el propósito de Dios para el noviazgo y que ambos están pecando.

No puedes estar tranquila después de irte a escondidas con algún muchacho para tener relaciones sexuales, sabiendo que rompes los principios cristianos y que te estás fallando a ti misma, a Dios y a tus padres. No puedes vivir tranquilo si tu amor por Dios es genuino y decides alejarte de sus propósitos soberanos. El hijo de Dios que vive en desobediencia y que en muchos encuentros con su novia se excita por la pasión con que se relaciona, no puede vivir sin remordimiento. Ese joven o jovencita no puede experimentar paz genuina. Más bien, puede experimentar serios sentimientos de culpabilidad, tal vez resentimiento por el engaño de algún novio, amargura por haber sido engañado por una novia, tristeza porque le usaron sexualmente, temor porque permitió caricias indebidas en algunas ocasiones y ahora es presionada a tener relaciones o angustia porque las tuvo una vez, a escondidas, llena de temor y culpa y ahora siente la necesidad de seguir teniendo o la presión de seguir cediendo.

Raíces de amargura. He conocido más chicas que las que quisiera que han compartido conmigo el dolor que llevan en sus vidas y me he dado cuenta que ese dolor está ligado a la amargura de su corazón. Muchas se han sentido usadas pues recibieron un gran número de promesas de alguien que decía amarlas, pero que después de años o meses de crear todo un sistema de ilusión, decidió terminar la relación. Algunos se han ilusionado, han permitido que alguien traspase sus límites y se meta en lo más profundo de su corazón y terminan decepcionados cuando concluyen la relación por un engaño, cansancio o abandono.

Las personas que se sienten usadas y luego vuelven a establecer una nueva relación con las mismas características de la anterior, están preparándose para una nueva decepción y así van acumulando resentimiento tras resentimiento, lo que finalmente se anida tan profundamente en su corazón que terminan en la amargura.

❧ ❧ ❧

Una hija de Dios no puede estar tranquila besándose, acariciándose apasionadamente, tocándose sensualmente, permitiendo caricias en partes íntimas, excitándose y permitiendo ser excitada cuando sabe que ese no es el propósito de Dios para el noviazgo y que ambos están pecando.

❧ ❧ ❧

El problema de la depresión

Durante la juventud, se experimentan temporadas de depresión que mueve a las señoritas y los jóvenes a buscar compañía y paradójicamente, a la vez tener dificultades para relacionarse. Esa necesidad de cariño en medio de las etapas depresivas puede llevarles a involucrarse demasiado emocionalmente y ha dejarse guiar por sus pasiones. Esas etapas de alta confusión emocional pueden incitarles a tomar decisiones emocionales rápidas y sin meditar las consecuencias. Muchos jóvenes tienen una autoestima muy baja que les lleva a sentirse tristes y rechazados, y más vulnerables a la manipulación emocional. Además, casi siempre están tratando de ser alguien que realmente no son, sobre todo en esas temporadas de muchos cambios e inmadurez. En medio de eso, cuando tienen relaciones de noviazgo conflictivas, agravan sus sentimientos depresivos. Si agregamos a esa carga emocional la realidad que algunos están teniendo relaciones sexuales y experimentando culpabilidad, o viviendo una vida doble, haciendo cosas que sus padres rechazan, podemos entender por qué algunos viven con una gran carga emocional. Agrega a eso que algunos están escondiendo una enfermedad venérea, un embarazo o un aborto, entonces es fácil entender por qué muchos experimentan tan fuerte estrés y depresión que puede llevarles no sólo a experimentar con drogas, alcohol, sino además a vivir momentos de gran angustia que no sólo piensan en el suicidio, algunos hasta lo intentan y logran su objetivo.

Los jóvenes que van cambiando de parejas y viviendo en promiscuidad no sólo están pecando, sino también acostumbrando sus mentes a una vida de infidelidad. Quien como soltero vivió y practicó la infidelidad como si fuera algo normal, tendrá serias dificultades para vivir con fidelidad en la vida matrimonial.

❖ ❖ ❖

Debido a los problemas emocionales que provocan las relaciones que van en contra del propósito de Dios, algunas personas que tienen relaciones sexuales antes del matrimonio y que se han acostumbrado a una vida de promiscuidad sexual tienden a conformarse a una variedad en su vida sexual que va más allá de la vida monógama. Quien tuvo relaciones sexuales con varias parejas, encontrará algo estimulante en cada una de ellas y algo decepcionante. Esa variedad de experiencias que ha acumulado en su mente, también demanda una variedad de satisfacciones que por lo general no puede entregar una sola mujer o un solo hombre. Debido a esto, muchos tienen menos satisfacción sexual en su relación conyugal debido a lo rutinario que puede volverse su práctica sexual con una sola persona o incluso necesitarán más tiempo de ajuste que quienes llegan al matrimonio vírgenes. Necesitan ajustarse sólo a una persona con una mente sin imágenes de otras relaciones. Además, las personas que fueron infieles o tuvieron muchas relaciones previas al matrimonio adquirieron más tolerancia hacia el pecado y por ello corren el peligro de tener más facilidad para vivir con infidelidad, aun en su relación conyugal. Quien se acostumbró a ser infiel como soltero, tendrá dificultades serias para vivir con fidelidad en la vida matrimonial.

Problemas espirituales

Quien decide vivir en contra de los mandamientos divinos está actuando en rebeldía y no sólo experimentará consecuencias físicas y emocionales, sino también serios problemas espirituales. Estos problemas son serios y he aquí algunas de sus consecuencias:

Ruptura de su relación con Dios

El pecado es una terrible barrera que nos impide tener comunión saludable con Dios. Él puede remover la barrera, pero ha determinado que nosotros lo hagamos mediante la admisión, confesión y arrepentimiento de nuestras faltas. Cuando decides desobedecer a Dios, no existe algo más doloroso que experimentar la separación que produce el pecado. Los hijos de Dios, los hijos genuinos, sufren extremadamente cuando se permiten una temporada de desobediencia. El pecado pone una barrera desesperante entre Dios y sus hijos. El propio Jesucristo experimentó uno de los dolores más severos cuando llevó el pecado de la humanidad. Se sintió como desamparado de su Padre, sintió profundo dolor por esa separación que provocaba el pecado que decidió llevar por nosotros.

También el salmista dice:

«Mientras callé envejecieron mis huesos». Es decir, mi cuerpo sufrió las consecuencias de mi pecado. Luego agrega: «En mi gemir todo el día», aquí se refiere a las consecuencias emocionales que sufrió y luego describe el conflicto que experimentó en su relación con Dios cuando afirma: «Porque de día y de noche se agravó sobre mí tu mano».

David dice que debido a su pecado sentía que Dios tenía su mano de disciplina sobre él. Me sentí enfermo, vivía amargado y lleno de tristeza, y me sentía totalmente alejado de Dios.

Una rápida mirada a la vida de David nos muestra que experimentó sentimientos de culpabilidad en su conciencia, ausencia de paz por su rebelión y dolor por la disciplina divina debido a su desobediencia. Observa la ausencia de paz por su rebelión. La Biblia dice: «El que encubre su pecado, no prosperará, mas el que lo confiesa y lo abandona, el perdón alcanzará». Nada más terrible que no sentirse perdonado. Nada más terrible que vivir con una conciencia culpable. Nada más liberador que el perdón maravilloso de nuestro amante Salvador y nada más atemorizador y peligroso que determinar vivir en rebelión. Esta es un desafío a Dios que nos quita la paz y nos lleva a vivir una temporada de desobediencia e insubordinación que no sólo nos destruye emocionalmente —aunque pensemos que estamos al control— sino que también nos enfrenta a Dios peligrosamente.

Observa la disciplina divina por la desobediencia. La disciplina en la iglesia descansa sobre el hecho de que Dios mismo corrige a sus hijos. Ningún creyente verdadero está libre de la disciplina de Dios. Hebreos 12.6 dice:

«Porque el Señor al que ama, disciplina, y azota a todo el que recibe por hijo».

Dios disciplina a sus hijos utilizando dos formas. Lo hace directamente o usa forma indirectas a través de la iglesia. En la primera forma Dios disciplina a sus hijos permitiéndoles vivir las consecuencias de sus acciones o castigando una acción pecaminosa. El apóstol Pablo, al dirigirse a los creyentes de Corinto, les dice que a Dios le desagrada que sus hijos participen indignamente de la celebración de la Santa Cena y que si lo hacen de una forma distinta a la que determinó, lo considera un acto de rebeldía que es motivo de disciplina. Ninguna persona debe participar indignamente de la Santa Cena. Participan indignamente quienes no son creyentes o los creyentes que mantienen pecados ocultos, no desean arrepentirse o quienes tienen conflictos con sus hermanos y no buscan restaurar las relaciones interpersonales saludables. Pablo dice:

«Por esta razón hay algunos enfermos, debilitados y otros duermen».

Pablo afirma que debido a que los creyentes estaban actuando en desobediencia a lo establecido por Dios, sin sujetarse a las indicaciones divinas, Dios permitía en algunos casos la enfermedad. Es decir, hay enfermedades que nosotros provocamos por nuestra rebelión. Hay jóvenes y señoritas enfermos —y también adultos— debido a que han decidido ignorar el propósito de Dios para el noviazgo y han preferido desobedecer.

Cuando Pablo menciona a los debilitados determina que otra forma de disciplinar a los desobedientes utilizada por Dios es permitir que después de su desobediencia queden «debilitados». Esta palabra que se distingue del término enfermedad, podría referirse a los conflictos emocionales que experimenta una persona. Es sorprendente la cantidad de matrimonios inestables, disfuncionales, problemáticos y que viven una vida de tormento o terminan en la separación o divorcio debido a las consecuencias de la disciplina divina por pecados de la juventud.

Pablo también dice que algunos desobedientes, como producto de la disciplina divina, «duermen». Esto se refiere a que Dios tiene el derecho, y en ciertas ocasiones lo utiliza, de permitir la muerte de una persona debido a sus actos de rebeldía. Dios puede permitir la muerte de un hijo desobediente para preservar el testimonio de la iglesia y aun evitarle mayores consecuencias a la persona y los que le rodean, como producto de su vida pecaminosa.

No rompa el foco

Es maravilloso ver lo que ocurre con un cristiano que admite su pecado con honestidad y se arrepiente con sinceridad. Pero es lamentable que algunos cristianos intenten acallar sus conciencias acusadoras, especialmente porque Dios tiene formas extraordinarias de ejercer su autoridad y disciplina.

En 2 Samuel 11.27 vemos cómo respondió Dios al pecado de David cuando este intentó en repetidas ocasiones tratar de acallar su conciencia y ocultar su pecado. En este pasaje también comprobamos que Dios no ha cambiado y que sigue respondiendo con la misma severidad y disciplina aun en nuestros días.

Si deseas saber cómo ve Dios nuestras acciones desobedientes, nota lo que la Biblia dice después de relatar el pecado de David y la forma pecaminosa como respondió a sus pecados:

«Mas esto que David había hecho, fue desagradable ante los ojos de Jehová».

Si te has dado cuenta de lo fuera del propósito de Dios para el noviazgo se encuentra tu relación, espero que este libro te brinde no sólo palabras de exhortación, sino también de ánimo para restaurar tu comunión con el Señor y guías directas para tener un noviazgo conforme al corazón de Dios. Espero que decidas abandonar las áreas de desobediencia y no trates de dar calmantes a tu conciencia apagando el foco del tablero que te indica que algo anda mal.

Paul Tournier, en su libro *Culpabilidad y gracia*, escribe algo muy importante. Este brillante escritor suizo, médico y siquiatra, habla acerca de dos clases de culpabilidad: «La verdadera y la falsa. Esta última viene por los juicios y sugerencias del hombre. La primera viene cuando, en forma consciente y voluntaria, desobedecemos a Dios».

Un sicólogo ilustró la manera como las personas manejan la culpabilidad, usando como ejemplo aquella luz roja que se prende a veces en el tablero de un automóvil. Cuando en el tablero se ilumina una pequeña luz roja nos indica que existe algún problema. Esa luz le pide a gritos una acción inmediata. Tienes que hacer una elección entre dos opciones: Parar, salir de tu automóvil, abrir la tapa del motor y examinar qué es lo que está sucediendo, o hacer algo que te puede parecer extraño, pero es una posibilidad. Suponte que en la guantera de tu automóvil llevas un pequeño martillo que acostumbras a usar para destruir la luz roja cuando esta te molesta por su intermitencia y brillo. Puede decidir utilizar el martillo, romper el foco y este dejará de molestarte y así puedes seguir conduciendo tu automóvil tranquilo. Nada pasará en el momento, pero en algún instante, debido a que decidiste ignorar la advertencia, sufrirás las consecuencias.

He conocido a muchos cristianos que llevan un pequeño martillo en la guantera de su conciencia. Cuando el foco de la verdadera culpabilidad comienza a prenderse y apagarse, lo rompen, y luego dicen que fue sólo una falsa culpabilidad o simplemente se excusan diciendo que todos los demás también lo hacen. En algún momento sufrirán terribles consecuencias por no aceptar la advertencia que le indicaba que la destrucción se acercaba. Si este libro es una seria advertencia, te ruego que evites la disciplina divina por causa de tu desobediencia.

Características de un noviazgo con propósito divino

Un noviazgo conforme al propósito divino es aquel que está basado en valores divinos y los resultados siempre serán saludables. Nunca nos herimos y nunca hacemos daño a quien decimos amar cuando seguimos las indicaciones divinas.

Una estructura de noviazgo que cumple el propósito de Dios está basada en mandamientos, en preceptos, en principios. Dios no deja nada al azar y a la imaginación humana cuando se trata de su exigencia para que vivamos en pureza. Él ha dejado mandamientos y principios excelentes para que disfrutemos de una relación saludable y una variedad de valores morales imprescindibles para tener una relación conyugal con excelencia. La clave es que no sólo los estudiemos y los comprendamos, sino que determinemos vivir en obediencia.

Consecuencias de la desobediencia

El cristianismo nos exige vivir bajo un sistema de valores que representa el deseo de Dios pues Él es nuestro diseñador y Creador, por lo tanto conoce lo que es mejor para nosotros.

El sistema mundanal te dirá: «Haz lo que te agrada, te sentirás bien. Haz lo que sientes, es sólo una inclinación natural, no debes rechazar lo que sientes, así te sentirás libre». Te digo con toda franqueza: no aceptes esa mentira. Quedarás esclavizado si das rienda suelta a tus inclinaciones; en vez de sentirte libre, te dominarán tus pasiones. Disfrutarás hermosas consecuencias si determinas vivir en obediencia.

Dios quiere que por nuestro propio bien y como testimonio frente al mundo vivamos vidas excelentes. El cristianismo no es sinónimo de mediocridad, todo lo contrario, somos llamados a vivir una vida que demuestre los grandes valores que tenemos. No existen más altos valores morales que los que nos exige la vida cristiana ni más hermosas consecuencias que las que Dios nos da por vivir en obediencia.

Aunque la filosofía mundanal te diga: «Si te agrada, hazlo. Si te sientes bien, no te lo niegues», vive como un cristiano auténtico que prefiere obedecer a Cristo aunque no te guste. La bendición divina será tu eterna compañera.

Los hijos de Dios que determinan vivir en obediencia disfrutarán de la extraordinaria bendición divina. Así lo dice Dios en su Palabra. «Yo he puesto delante de ustedes bendición y maldición. Bendición si obedecen y maldición si desobedecen».

CONSECUENCIAS MARAVILLOSAS DE CUMPLIR EL PROPÓSITO DIVINO

Así como he sido testigo de terribles consecuencias en los testimonios y cuando he aconsejado a quienes han vivido en desobediencia, también he escuchado extraordinarios relatos de las bendiciones divinas recibidas por los jóvenes y señoritas que decidieron vivir obedientemente. Mi testimonio personal certifica que vale la pena vivir en obediencia, mantenerse virgen hasta el matrimonio y hacer un serio esfuerzo por no jugar con las emociones de otros. Por la gracia de Dios fui guardado y por mi determinación a obedecerle cometí menos errores que muchos. Las siguientes consecuencias las he disfrutado y las disfrutarán todos los que determinen vivir conforme al propósito divino para el noviazgo:

No experimentar la disciplina divina. Es duro caer en manos de un Dios vivo. Es doloroso ser disciplinado por un Dios justo y severo especialmente cuando Él determina dejar un elemento correctivo durante toda nuestra vida.

Sandra ha tratado todos los métodos para quedar embarazada y no ha podido. Su más grande dolor no es no poder tener un hijo, sino la razón porque no puede. A los quince años se realizó un aborto que la puso al borde de la muerte y que le destruyo su matriz. Siempre recuerdo sus palabras en una entrevista que le hice en uno de mis programas de radio: «No vale la pena jugar con el placer sabiendo que estamos desobedeciendo a un Dios que es amor, pero ahora me doy cuenta que también aplica su justicia».

No ser afectado por enfermedades de transmisión sexual. Las enfermedades de transmisión sexual pueden ir desde las más sencillas hasta las más graves. Algunas pueden provocar pequeñas infecciones y la más grave, el SIDA, te llevará a la muerte.

Tener un noviazgo conforme al propósito divino impide que los jóvenes sufran estas enfermedades que pueden provocar destructivas consecuencias no sólo en el presente, sino también en su futuro.

No engendrar un hijo no deseado. Traer hijos al mundo es uno de los milagros más hermosos y grandiosos que Dios nos permite vivir. La maternidad bien desarrollada y planificada es una bendición para el hombre, la mujer, los hijos, la familia y la sociedad. Sin embargo, los embarazos no planificados no sólo son experiencias traumáticas para la persona, sino que producen angustias, conflictos en las familias y en la sociedad.

Traer un hijo no deseado da inicio a una serie de responsabilidades y a una reacción en cadena. No solamente que existen serios cambios en los planes, sobre todo de una señorita cuando es abandonada por el novio que le juró cariño y fidelidad, pero que al darse cuenta de su embarazo prefiere la irresponsabilidad despreciable a la paternidad responsable. Aun, cuando los novios deciden enfrentar su responsabilidad y casarse, debido a que no es algo planificado con ilusión y expectativa, produce una seria carga emocional y en muchas ocasiones, el casamiento resulta de la obligación, pero sin preparación.

El noviazgo conforme al propósito de Dios impide tener un embarazo y, por lo tanto, traer al mundo a un hijo no deseado ni planificado.

No practicar el asesinato llamado aborto. Todas las personas tenemos nuestro sistema de valores establecido. Todos nos movemos de acuerdo a nuestro mundo de normas y valores implícitos o explícitos. Todos tenemos una visión de la vida, nuestro arsenal de normas y estándares sobre los cuales se fundamenta nuestra existencia.

Primero, el hombre fue creado con la imagen de Dios, que es el autor de la vida. Por lo tanto, cuando vives en obediencia no necesitas decidir que terminarás la vida de un niño que viene a este mundo como producto de un momento de placer sexual y no como el fruto esperado de una saludable relación conyugal.

Segundo, cuando Dios determina el nacimiento de un ser humano se involucra en todo el proceso. El Salmo 139 lo afirma con claridad: «Porque tú formaste mis entrañas; me hiciste en el seno de mi madre. Te alabaré, porque asombrosa y maravillosamente he sido hecho; maravillosas son tus obras, y mi alma lo sabe muy bien. No estaba oculto de ti mi cuerpo, cuando en secreto fui formado, y entretejido en las profundidades de la tierra. Tus ojos vieron mi embrión y en tu libro se escribieron todos los días que me fueron dados, cuando no existía ni uno solo de ellos».

Tercero, Dios dio un mandamiento a toda cultura y raza y en todo tiempo que dice: «No matarás». Por lo tanto, nadie tiene derecho de quitar la vida, incluyendo la de un hijo no nacido.

Dios determinó que la vida humana sea algo especial y la protege como no lo hace con ningún otro ser viviente. Dios es responsable de que todos los pasos, que cada uno de los detalles de la concepción, formación y nacimiento de un niño se cumplan. Sólo Él tiene el derecho de terminar la vida o interrumpir el proceso cuando lo estime conveniente.

María, la madre de Jesús, no planificó su embarazo, pero Dios sí. Sea o no conveniente, tengas o no dinero, haya sido resultado de un mal cálculo o una escapada sexual con el novio de tus sueños que luego te abandona, la madre lleva dentro de su vientre una vida que tiene tanto derecho a vivir antes de nacer, como después de salir del vientre materno, cuando lo podemos ver.

Si por vivir promiscuamente o tener relaciones sexuales antes del matrimonio, si por estar jugando al sexo para conseguir amor o jugando al amor para conseguir sexo, o por tener un noviazgo fuera del propósito divino, sales embarazada inesperadamente, cometerás un terrible pecado si decides destruirlo. No obstante, no sólo puedes cosechar consecuencias inmediatamente, sino también en el futuro. Sufrirás las consecuencias lamentables.

Quienes determinan tener un noviazgo conforme al propósito divino evitan la posibilidad de un embarazo y como consecuencia, un aborto y, por lo tanto, evitarán pecados, la disciplina divina y sus consecuencias.

Evitar los destructivos problemas emocionales. Los problemas emocionales se pueden manifestar en sentimientos de culpa. Nada más hermoso que vivir con una conciencia tranquila y nada más terrible que vivir siendo acusados constantemente por el Espíritu Santo y con una conciencia que acusa de manera permanente.

Vivir con sentimientos de culpa es emocionalmente destructivo y esto puede ser bien testificado por mujeres que se han practicado un aborto y cada año en que se cumple el aniversario de la muerte de su hijo van aumentando sus sentimientos de culpa por el pecado cometido.

Quienes determinan tener un noviazgo conforme al propósito de Dios evitarán vivir con los destructivos sentimientos de culpa.

Las emociones han sido afectadas cuando los novios quedan traumatizados o tienen grandes cicatrices emocionales. Algunos, después de tener relaciones sexuales traumáticas, tienen serios problemas para mantenerlas cuando se casan. Otros de los novios que sufrieron alguna decepción, pueden pasar años sin volver a tener otro noviazgo y luego sufrir serios problemas para relacionarse y para casarse.

Otras de las consecuencias de un noviazgo conforme a las ideas humanas que rompen los principios divinos es la baja en la autoestima de algunas personas. Si en esa relación no existió el amor conforme lo describe Dios, ni existió el respeto por la dignidad de la otra persona, si existió abuso o engaño y si se terminó en forma dolorosa, puede producir un serio efecto en el valor que la persona se da a sí misma.

Debido a los problemas emocionales, los sentimientos de culpa, los conflictos en la autoestima, algunas personas tienen serios problemas para relacionarse en su futura relación matrimonial.

Un noviazgo que no cumple el propósito divino, tampoco aumenta la autoestima de las personas.

Evitar un patrón de infidelidad. Quien desarrolla su noviazgo fuera de los principios divinos y decide tener relaciones sexuales prematrimoniales inicia un mundo movido por las pasiones, del cual es muy difícil salir. Muchos novios creen que pueden tener relaciones sexuales una vez y luego evitarlas, pero los testimonios demuestran que una vez que se despierta la pasión sexual es difícil apagarla. Los novios que tienen relaciones sexuales y luego terminan, es muy difícil que no vuelvan a tener relaciones sexuales con su siguiente novia o novio. Ese patrón de infidelidad a los principios divinos y esa tendencia a cambiar de pareja y seguir teniendo relaciones sexuales les da la oportunidad de acostumbrarse a relaciones variadas muy difíciles de refrenar durante la vida matrimonial. Quienes deciden tener un noviazgo fuera del propósito de Dios se hacen más vulnerables para las relaciones sexuales fuera del matrimonio. Además, debido al despertamiento de la pasión y el aumento de las necesidades sexuales, existe el gran peligro de involucrarse en la pornografía.

El camino de quienes deciden rechazar los principios divinos estará lleno de obstáculos y tragedias. El camino de los jóvenes y señoritas que cumplen el propósito de Dios para el noviazgo será expedito y lo disfrutarán al máximo. El camino de los rebeldes les llevará por lugares de confusión, temor, angustia, temores y desilusión. El camino de los obedientes les llevará por un camino limpio, donde no se experimentará el dolor de la disciplina divina, la angustia y aflicción que producen los abortos, los conflictos que producen los problemas emocionales, ni se es afectado por enfermedades de transmisión sexual. Más bien serás objeto de la bendición divina y evitarás consecuencias lamentables. Quien guarda la Palabra de Dios y vive conforme al propósito divino para su vida y el noviazgo, limpiará su camino y disfrutará de este extraordinario viaje de preparación sabia para una relación conyugal saludable.

5

UN NOVIAZGO CONFORME AL PROPÓSITO DE DIOS

«Todo lo creado por Dios fue diseñado con propósito.
El joven cristiano debe esforzarse porque todo lo que haga en su vida,
incluyendo su noviazgo, cumpla el propósito diseñado por Dios.
Ningún ser humano puede ser feliz fuera del propósito divino».

Dios tiene un plan maravilloso para su creación. A pesar de la elección errónea de nuestros primeros padres, Dios proveyó un plan de escape de ese camino a la destrucción. Tomó todas las medidas para que tengamos la oportunidad de llegar a ser lo que quiere que seamos. Dejó los medios necesarios para que en las distintas áreas de nuestra vida vivamos conforme al potencial que proveyó. Pero nuestro más grande obstáculo para conseguir ese propósito es nuestra naturaleza pecaminosa. Sin Dios, somos esclavos de ella y no podemos liberarnos con nuestras fuerzas de la tiranía del pecado. Con Cristo en nuestras vidas, una vez más estamos listos para cumplir el plan divino. En su maravilloso plan, Dios determinó enviar a su hijo Jesucristo para que podamos ser regenerados y vivir conforme a su diseño. La presencia de Cristo en nosotros, su Espíritu en nosotros y la transformación que recibimos, su Palabra claramente explicada y aplicada nos proveen de los elementos esenciales para ser las personas especiales que Él planificó que fuéramos.

En Génesis se nos describe como creación de Dios. Dios nos creó para que seamos exitosos en este mundo. Génesis 1.27 dice que fuimos creados a la imagen de Dios y luego, según el versículo 28, Dios nos bendijo. Podemos vivir vidas excelentes pues fuimos creados a la imagen de Dios y recibimos la bendición divina. Pero el pecado nos puso un serio obstáculo. Por eso fracasamos tanto y por eso no hacemos lo que debemos. Sin embargo, las personas redimidas nuevamente han recibido las herramientas, el poder y la capacidad para ser exitosos. El redimido por la sangre de Cristo tiene todo lo que necesita para cumplir la voluntad de Dios, pero no todos eligen vivir conforme a ella. Algunos, en vez utilizar los talentos naturales que Dios les proveyó, los ignoran y no los desarrollan. Otros en vez de vivir conforme al Espíritu eligen seguir las indicaciones de la carne.

Todo cristiano tiene la posibilidad de vivir en forma exitosa. Creo que el cristiano que no vive con excelencia ha decidido vivir en desobediencia. Debido a que somos hijos de Dios y llenos de su Espíritu tenemos la posibilidad de ser más exitosos y efectivos en la vida que aquellos que no pertenecen a la familia de Dios.

Creados con capacidad de elección

Dios no trata a los seres humanos como marionetas. Él nos creó con la capacidad de elegir y nos da la opción de utilizar o no los recursos que ha provisto. Es triste, pero existen personas que a pesar de las dolorosas consecuencias que produce el no vivir conforme al propósito de Dios, eligen no hacerlo.

Los salvos por la gracia de Dios tenemos la capacidad de elegir vivir una vida de abundancia. Dios nos ha preparado para ello. Dios desea que vivamos vidas abundantes y su salvación no sólo nos entrega la entrada al cielo maravilloso, sino también a una vida terrenal de excelencia.

Rechazo absoluta y enfáticamente la idea de que la salvación no tiene efectos prácticos en nuestra vida. Rechazo la idea de que la salvación sólo es un estado espiritual futuro, en vez de uno eternamente presente que nos ha salvado de la esclavitud del pecado y del dominio satánico y nos permite vivir bajo el señorío de Cristo, en el reino de Cristo y conforme al propósito de Dios. La persona que ha sido regenerada tiene que ser más efectiva en su vida, tiene todo para serlo. Después de mi conversión, tengo las mismas habilidades para enfrentar la vida pues mental y físicamente seguimos siendo los mismos. Sin embargo, creo que la persona por primera vez comenzará a recibir la información correcta. Estoy convencido de que recibiendo la correcta información bíblica y las actitudes adecuadas, producimos pensamientos y acciones correctos.

Los cristianos tenemos una nueva naturaleza que debe anhelar lo bueno, lo justo, lo agradable, lo que tiene virtud. También creo que esa naturaleza tiene que ser alimentada con principios bíblicos para que en su batalla salga victoriosa sobre los antiguos pensamientos y valores erróneos cultivados en el pasado. Los cristianos tenemos una capacidad de elección y debemos elegir no vivir bajo principios erróneos, sino conforme al propósito de la voluntad soberana de Dios.

UN NOVIAZGO CONFORME AL PROPÓSITO DIVINO

Una buena investigación de las Escrituras no te proporcionará ningún pasaje que en forma directa te dé indicaciones específicas concernientes al noviazgo. Recuerda que las costumbres israelitas eran muy diferentes a las nuestras. Todo el capítulo 24 de Génesis nos muestra el procedimiento que utilizaban para encontrar a una esposa.

Es curioso saber que, de acuerdo a la costumbre, el hombre que necesitaba una compañera no era el que debía realizar la búsqueda. La costumbre en esos días era que el padre se involucraba en la selección de la esposa para su hijo.

Aunque no existen pasajes que hablen en forma directa sobre este tema del noviazgo, si encontramos en muchas partes de la Biblia principios y preceptos que deben incluirse cuando uno pretende descubrir cuál es el propósito para el noviazgo y eso es precisamente lo que he hecho para llegar a las conclusiones que presento aquí.

A estas alturas de su lectura debe estar deseando que profundice en ciertas ideas y definiciones que he compartido en páginas anteriores. La pregunta es: ¿Qué es un noviazgo al estilo divino? ¿Cómo podemos tener un noviazgo conforme al propósito de Dios? Permíteme responder tus inquietudes a partir de este momento.

Definición

Un noviazgo conforme al propósito de Dios es aquella relación con estructura bíblica que permite que un joven y una señorita tengan una relación saludable, no pecaminosa cuyo desarrollo les permita conocerse mutuamente y determinar si esa es la persona con quien debe compartir toda su vida.

UN NOVIAZGO DENTRO DEL PROPÓSITO DIVINO

No es fácil tener un noviazgo conforme a lo que Dios determina y es mucho más sencillo y natural seguir las formas comunes en la sociedad. Un noviazgo con propósito debe cumplir con determinadas características y cuando no las cumple, no alcanza el propósito divino. Observa algunas de las características de las relaciones que permiten que se cumpla el propósito de Dios sabiamente:

El noviazgo cumple el propósito divino cuando los novios no son movidos a tomar decisiones por sus pasiones humanas sino por sus convicciones bíblicas.

Dejarse guiar por las pasiones es lo más fácil y natural especialmente porque en esta relación existe mucha emoción y se experimentan fuertes sentimientos de cariño y deseos de intimidad. Esta no es una tarea fácil, pues no es sencillo hacer morir al viejo hombre que le encanta ser dominado por las pasiones. Quienes quieren verdaderamente tener un noviazgo al estilo divino deben conocer el deseo de Dios, luchar por cumplirlo y desarrollar tal dominio propio que le permita dominar sus pasiones.

Los jóvenes que desean tener una relación seria, conforme al propósito de Dios deben huir de una relación basada en la pasión. El consejo del apóstol Pablo a los jóvenes es «huye de las pasiones juveniles». Cuando somos movidos por la lujuria, por la excitación que sentimos, no podemos tener un noviazgo conforme al propósito de Dios.

El noviazgo cumple el propósito divino cuando su estructura está basada en los valores bíblicos y no en las ideas de la sociedad.

Ya hemos comentado sobre lo erróneas que son las ideas de la sociedad, pero a la vez estamos más conscientes de que nunca esas ideas tienen una fuerte influencia en los jóvenes, aun en los jóvenes cristianos, porque apelan a los sentimientos y no necesariamente se basan en una estructura moral saludable. Las ideas de los hombres, por buenas que sean, no se ajustan totalmente a los valores establecidos en la Palabra de Dios. Aun para nosotros los cristianos no es fácil dominar al viejo hombre con sus ideas humanistas basadas en los valores relativos que proyecta la sociedad.

El noviazgo no cumple el propósito divino cuando está basado en los deseos personales sin tomar en cuenta la voluntad divina.

Siempre que ignoramos a Dios no podemos cumplir sus propósitos. Siempre que nos dejamos guiar por nuestros sentimientos sin tomar en cuenta los sentimientos divinos expresados en sus mandamientos, no podemos cumplir la voluntad divina. Siempre que rechazamos los mandamientos divinos actuamos en desobediencia, por lo tanto, experimentaremos severas consecuencias y no cumpliremos con el diseño divino.

Por supuesto que no todos los deseos personales son malos. Puedes desear casarte con una persona rubia o un hombre moreno. Puedes desear una persona alta o baja, de otra nacionalidad, de cierto nivel educacional y no es malo. No cumplimos el propósito divino para el noviazgo cuando queremos hacer lo que nos gusta a pesar de que le desagrade a Dios y lo que nos apasiona, a pesar de que esté reñido con los valores del reino.

El noviazgo cumple el propósito divino cuando está basado en el amor que imita el amor divino y no en el basado en ideas humanas.

El amor que debe existir en un noviazgo conforme al propósito divino debe imitar las características del extraordinario amor de Dios. Este no es un amor basado en los pensamientos de un joven enamorado, no es un amor basado en los sentimientos de una chica infatuada, no es un amor basado en las respuestas corporales a las excitaciones que provocan. No es un amor que busca la satisfacción de la pasión a cualquier costo y sin parámetros bíblicos. La relación basada en el amor definido bíblicamente es un amor integral, pues busca el bien de todo el ser. No sólo busca satisfacer su cuerpo, sino también cuidar sus emociones y las de la persona amada y cuidar la vida espiritual y los principios morales nuestros y de la pareja.

Cuando no tienes principios ni valores divinos, cuando no te interesa Dios ni sus mandamientos, buscas lo que te agrada, buscas tu bien, buscas tu propia satisfacción, buscas el deseo de satisfacer tu pasión, estás bajo el dominio de la lujuria. Quienes no aman como Dios ordena, frente a la tentación y al deseo de satisfacer su pasión, tienen relaciones sexuales, y generalmente si la chica queda embarazada, el muchacho se va o si se casan, viven una relación conyugal destructiva pues la intención, en la etapa que llamaron noviazgo no era determinar si debían casarse, sino disfrutar de una relación pasional.

Ese muchacho no está pensando en el bien de la chica que dice amar, no está pensando en el futuro de la relación conyugal, no está pensando en que esa muchacha va a quedar sola con un hijo, no está pensando que él va a ser padre a destiempo, no está pensando que si no se hace cargo del hijo, se criará sin un padre. Ese muchacho no piensa en el amor integral, piensa en la relación física, piensa en las sensaciones que desea experimentar.

En cambio, cuando amamos al estilo divino tenemos un amor integral que no busca la satisfacción personal sino el bien de todo el ser de la persona amada. Quien ama verdaderamente busca el bien del espíritu, no quiere que su novia o su novio viva un mundo espiritual de maldad y de pecado. Quien ama está pensando en el bien del otro, no está dominado por sus pasiones personales. Quien ama no quiere que su amor sea herido o herida emocionalmente, no quiere jugar ni que jueguen con sus emociones. No quiere que la persona amada físicamente lleve las marcas de las relaciones inapropiadas. Es un amor que busca lo mejor para sí y para los demás. Es un amor que no está basado en sus ideas sino en las del Creador.

El amor que imita el amor divino es un amor integral. Quien ama como Dios manda ama a toda la persona. Quien ama al estilo divino ama el espíritu del ser querido, ama las emociones de quien es objeto de su amor, ama el cuerpo de la persona amada.

El noviazgo cumple el propósito divino cuando la intención en la rela-ción es determinar si la voluntad divina es que deben casarse, en vez de relacionarse para casarse aunque no sea la voluntad divina.

La razón de este principio es que es nuestro deber casarnos de acuer-do a la voluntad de Dios y el noviazgo es un proceso que nos ayuda a determinar si estamos eligiendo conforme a esa voluntad. Tal vez te sor-prenda que diga que el noviazgo no es para casarse sino para determinar si debes hacerlo o no. Todas las personas con quienes he conversado han pensado que el noviazgo es para casarse. Si el noviazgo es para casarse, entonces, ¿de qué sirve conocerse y descubrir que la otra persona no es idónea, si de todas maneras tienes que casarte? Si el noviazgo fuera para casarse, entonces, tendrías que casarse aunque descubrieras que tu novia es lesbiana. Por esto digo que el noviazgo no es el proceso que me obliga al casamiento sino que me permite decir sabiamente si mi novia reúne las características que la Palabra de Dios me ordena que investigue antes de casarme conforme a la voluntad divina.

Al escuchar estas enseñanzas algunos jóvenes me han dicho que este concepto anima a tener muchas novias, lo cual sería desastroso. La verdad es que quien no entiende el maravilloso concepto del amor al estilo divi-no y quien sigue influenciado por la filosofía mundanal puede creer que es una puerta abierta para jugar con las emociones de otras personas, pero es obvio que eso no es permitido por la Palabra de Dios. Si todavía crees que amor es abrazarse, besarse y excitarse, entonces serás motivado a amar a tu manera a la otra persona. Si no comprendes que el propósito del noviazgo no es abrazarse, besarse, excitarse, tener relaciones sexuales y, por lo tanto, romper los principios de pureza, entonces no sólo jugarás con tus emociones, sino que también lo harás con las de la persona que dice amar. Si esa es tu definición de noviazgo, entonces usarás y jugarás con muchas personas en tu vida. Pero si entiendes lo que enseño a continuación, que el noviazgo es una relación de absoluto respeto y pureza cuyo propósito no es vivir con lujuria o llenarse de infatuación, sino conocerse físicamen-te lo más elemental posible, emocional y espiritualmente lo más profun-do posible, entonces nunca dañarás a ninguna persona y no te dañarás en ninguna relación que cumpla el propósito divino.

Un noviazgo conforme al corazón de Dios

El noviazgo es una relación amorosa previa al matrimonio y creada con propósito. Te dije anteriormente que todo lo creado por Dios tiene un fin establecido. El noviazgo según Dios es con propósito, como todo lo que Dios crea. La vida, el cuerpo, las etapas de desarrollo, las relaciones interpersonales, la soltería, el matrimonio, el noviazgo, todo fue creado por Dios. Destruye tu vida cuando haces algo que Dios no quiere que hagas y vives con paz y realización cuando determinas vivir conforme al objetivo que Dios tuvo cuando decidió tu creación.

Dios no quiere que introduzcas drogas en tu cuerpo, Dios no quiere que tengas dependencias, Dios no quiere que comas lo indebido, Él te creó con propósitos tan hermosos y sublimes que no pueden incluir la destrucción de tu ser. Dios no quiere que yo haga lo incorrecto con mi cuerpo, Dios quiere que comamos bien, que elijamos nutritivamente nuestros alimentos, que descansemos apropiadamente, que trabajemos los horarios que debemos trabajar, que tengamos un sistema organizado para vivir y cumplamos su diseñó pues Él creó la vida con propósito.

Dios quiere que usemos nuestro cuerpo para lo que fue creado, que usemos todos los miembros de nuestro cuerpo para lo que fueron creados. Las etapas de desarrollo fueron creadas por Dios. Él creó la niñez, la adolescencia, la juventud, la vida adulta. Él diseñó la vida para que existan etapas claramente definidas de modo que vayamos creciendo en el proceso.

Creó las relaciones interpersonales no para que yo tenga relaciones con amigos o amigas de acuerdo a mis ideas, sino para que tenga amistades con propósito. Creó la soltería con propósito. Hay individuos que pueden permanecer solteros toda la vida y viven realizados pues ese fue el diseño divino de sus vidas. Al quedarse solteros hacen la elección correcta porque así los diseñó Dios. Hay individuos a los que Dios los creó para eso, la soltería tiene un propósito.

Dios creó el matrimonio con un fin. Cuando los cónyuges quieren vivir como solteros y los solteros como casados rompemos el propósito de Dios y creamos un caos en la relación matrimonial pues no estamos cumpliendo el diseño divino. El noviazgo no es invención de los hombres. Esa etapa previa al casamiento no es invención humana, sino diseño divino. Es un diseño hermoso con un propósito grandioso.

Todo lo que fue creado con propósito depende de leyes

Las cosas con propósito dependen de una estructura. La vida fue creada con propósito y existen leyes que la rigen. Tenemos la ley de la alimentación, que determina que debemos alimentarnos para nutrirnos. Es una ley establecida por Dios. Dios determinó que vivamos saludablemente trabajando, comiendo, durmiendo, descansando y relacionándonos.

En la vida existe la ley de gravedad y no puedes romperla. La ley de la gravedad dice que todos los objetos caerán al centro de la tierra. Si el objeto es más grande, más pesado, está ubicado a más altura, caerá a mayor velocidad y tendrá un mayor impacto. Esa es una ley divina que es parte de la vida. La vida tiene propósito y lo saludable o destructiva que ella sea depende de si cumplimos o no las leyes divinas.

Es verdad entonces que todo lo que tiene propósito depende de leyes y el noviazgo no es la excepción. Dios determinó que esa relación prematrimonial sea entre un hombre y una mujer y decretó determinadas leyes que deben ser respetadas por quienes desean tener un noviazgo conforme al deseo de Él.

Un noviazgo con propósito tiene propósitos

Un noviazgo con propósito es una relación basada en conceptos bíblicos y que cumple la función que nos revela el estudio adecuado de la Palabra de Dios. No es un noviazgo común porque rompe los moldes de la sociedad pues está basado en las ideas divinas. Para que tu relación de noviazgo cumpla el propósito de Dios para la vida de sus hijos, debes comprometerte a esforzarte para que tu relación cumpla propósitos claros y específicos.

Primer propósito: Conocerse personal y mutuamente.

En el noviazgo no sólo alguien se va a relacionar con nosotros, sino que nosotros nos vamos a relacionar con otra persona. Por ello, para entrar con sabiduría a esta relación permanente necesitamos dar algunos pasos:

Primero, *debemos conocernos personalmente.* Esto significa que debemos conocernos a nosotros mismos y evaluar si estamos dispuestos a amar a otra persona. Debemos evaluar si estamos dispuestos a que todo deje de girar en torno a nosotros y permitir que los gustos y deseos de otra persona tengan el mismo valor que los nuestros. Debemos determinar si estamos dispuestos a ser confrontados, corregidos y guiados por alguien que piensa muy diferente a nosotros. Debemos conocer si estamos dispuestos y preparados a no sólo disfrutar de los beneficios de la vida matrimonial, sino también a cumplir con las responsabilidades que este serio compromiso implica. Además, debemos estar seguros si estamos capacitados para amar y no utilizar a la otra persona para satisfacer nuestros deseos. Al conocernos personalmente tenemos la posibilidad de determinar si estamos buscando a alguien a quien queremos servir y construir o si somos motivados a buscar a alguien para que nos sirva y nos construya. La más terrible labor que puede entregar alguien a su cónyuge es la tarea de que sea la persona encargada de esa formación que no tuvimos en nuestros hogares. La formación de las personas es tarea de los padres, no una obligación de los cónyuges.

En segundo lugar, en el noviazgo debemos conocernos mutuamente. No basta sólo con conocernos a nosotros mismos, sino que también debemos conocer a la persona con quien hemos decidido unir nuestras vidas. Mientras más superficial sea el conocimiento que tenemos el uno del otro, más frágil y superficial será nuestra relación matrimonial.

Debido a la astucia que tenemos los seres humanos para mostrar lo que queremos que la otra persona vea y ocultar las cosas que pueden ser desagradables a quienes nos rodean, es necesario tomar todo el tiempo que sea necesario para conocernos. En vista de que *antes de casarnos* nos encanta mostrar nuestras fortalezas y esconder nuestras debilidades, debemos luchar por ser sinceros e investigar las acciones, reacciones, actitudes, metas, deseos, planes, valores, la vida emocional, la vida espiritual y muchas otras cosas más. Esa observación sabia nos permite conocer a la persona y determinar con buenos fundamentos si es o no con quien queremos compartir toda nuestra vida y formar una familia.

Físicamente, los novios deben conocer sólo lo que Dios determina que es saludable.

La relación física debe tener los límites que Dios ha establecido. La Biblia nos enseña que las relaciones sexuales son exclusivamente para la vida matrimonial. Dios rechaza el acercamiento físico sexual y por supuesto, lo que conduce a ello.

El coito no es un acto sin pasos previos. Por eso es que antes de llegar al coito ha existido todo un proceso de acercamiento físico y emocional que tampoco es permitido por Dios. Para llegar al coito el joven y la señorita han desarrollado una relación y se han prodigado caricias y besos que les han excitado y que es imposible que no se hayan deseado. Nadie puede besarse apasionadamente y evitar la excitación. Los muchachos van construyendo un nexo que termina en la relación sexual, pero los que lo hicieron de la forma más inocente, se besaron apasionadamente en algunas ocasiones y luego cayeron víctimas de las pasiones. Los que han adquirido más conocimiento sobre lo que deben hacer para excitarse y excitar a su pareja utilizan todas las técnicas aprendidas. Los encuentros van siendo cada vez más pasionales. Los besos en la mejilla se transforman en roces de los labios, luego en besos más continuos, más largos, más sensuales, más apasionados. Luego no sólo se besan los labios sino se buscan otras partes del cuerpo que producen gran excitación. Las inocentes caricias que se prodigan en las manos se hacen insuficientes y se buscan nuevas partes del cuerpo y poco a poco el contacto físico es más atrevido, más sensual, más excitante, y por lo tanto, más pecaminoso.

Cuando David cometió el pecado de adulterio que lo llevó a las terribles consecuencias que he analizado en este libro, no comenzó con un contacto físico. Todo empezó en su mente. Él se encontraba en la terraza de su palacio en un día de descanso, precisamente cuando los reyes salían a la guerra. Su decisión fue trivial, tal vez su descanso merecido, pero en medio de su solaz apareció una oportunidad que debía ser evitada. Cuando vio a la mujer bañándose no cometió pecado, pero a partir de ese momento su mente entró en una batalla contra la lujuria y la perdió. Así también, las caricias, los besos y la excitación que provoca el encuentro de los novios que no tienen límites físicos saludables son una batalla de la que nadie puede salir sin pensamientos pecaminosos.

Nuestro encuentro con la lujuria, que puede caracterizar el noviazgo de dos cristianos, no es súbito y no es fácil de evitar. Jesús dijo con claridad que quien mira a una mujer para codiciarla en su corazón ha cometido adulterio (Mateo 5.28). El pecado comienza en nuestra mente y corazón aun sin tocar el cuerpo hermoso de una chica que nos atrae. Se imagina cuanto más pecado guardamos en el corazón cuando no sólo observamos con codicia en él, sino que además besamos y acariciamos su cuerpo con pasión.

En Colosenses 3 Pablo entrega guías claras para vivir la vida cristiana. Nos recuerda que tenemos una unión vital con Cristo que nos da poder para vivir la vida cristiana como Dios lo demanda. El mensaje es claro: Dejen que la vida que tienen dentro de sí como virtud de su unión con el Salvador se exprese en sus pensamientos, acciones y relaciones. No muestren en sus acciones algo diferente de lo que son como producto de la nueva vida que tienen. No permitan que la promiscuidad sexual, la impureza, la lujuria, los deseos de hacer lo que quieren porque les gusta y cuando quieren porque lo desean, sean las causas dominantes de sus acciones. Esa es una vida que se acondiciona a las personas y sentimientos pero no al propósito divino.

La Palabra de Dios manda al joven a huir de las pasiones juveniles. En 2 Timoteo 2.22 el mandato es huir. La declaración indica que no es una acción que se toma de una sola vez y para siempre, sino una continua que debe realizarse a cada momento. En vez de permitir que se vaya desarrollando ese acercamiento inapropiado, y en vez de tener una estrategia para involucrarse físicamente en forma lenta, en vez de permitir y tener acciones que vayan motivando las pasiones carnales, el joven cristiano recibe la orden de estar huyendo permanentemente. La orden divina es que salgan huyendo de la indulgencia de sus pasiones y corran al encuentro de todo lo que conduce y produce justicia, fe, amor y paz.

Una de las más grandiosas maneras de involucrarse en la búsqueda de la pureza es ser un constante vigía de que nuestras acciones o palabras no motiven, ni provoquen a otros a actuar en impureza. La pureza no llega naturalmente ni en forma accidental, es producto de la obediencia. Sin la pureza que nace de nuestra pasión y amor por Dios, la sexualidad se convierte en peligrosa y la relación de dos personas que aman a Dios se reduce a encuentros físicos que impiden su intimidad con Dios. Sin la pureza, la mente queda esclava de la excitación esperando la siguiente oportunidad para ser alimentada.

El acercamiento físico que cumple el propósito de Dios debe ser saludable. Los novios pueden conocer lo necesario del cuerpo para determinar si le gusta o no la otra persona. Observar la cara, el cuerpo, el cabello, los ojos y determinar si le gusta físicamente. Los novios pueden determinar si la persona tiene alguna discapacidad, algún defecto que pudiera producir un rechazo. Es cierto que hay personas que se enamoran de alguien con alguna discapacidad y en el furor de las primeras sensaciones determinan relacionarse, pero deben pensar seriamente y evaluar profundamente las demandas que tiene una relación así. Pasar un tiempo de evaluación y dedicar tiempo para pensar y ver los pro y los contra es una obligación. También se requiere evaluar la disposición personal a asumir responsabilidades que van más allá de lo común en una relación matrimonial entre dos personas sin discapacidades.

El acercamiento físico les permite practicar algún deporte, divertirse sanamente, pasear y caminar tomados de la mano. Hay que relacionarse físicamente pero sólo en la medida que sea saludable de acuerdo a los principios bíblicos que demandan una alta moralidad y exigen rechazar todo acercamiento físico que conduzca a la excitación o resulte de ella.

❦ ❦ ❦

El pecado comienza en nuestra mente y corazón aun sin tocar el cuerpo hermoso de una chica que nos produce atracción. ¿Se imagina cuanto más pecado guardamos en nuestra imaginación cuando no sólo observamos con codicia en el corazón, sino que además, besamos y acariciamos su cuerpo con pasión.

❦ ❦ ❦

Emocionalmente los novios deben conocerse en forma profunda.

La relación que cumple los propósitos divinos no sólo permite sino que demanda que exista un profundo conocimiento emocional. Para conocernos físicamente no necesitamos un gran esfuerzo, pero para conocerse emocionalmente con profundidad debemos pasar tiempo de calidad con la persona amada. Debemos ver más allá de lo obvio y debemos conversar mucho más profundamente que simples trivialidades. Para conocernos emocionalmente debemos conocer cómo piensa la persona, cómo responde frente a los conflictos y las necesidades. Debemos conocer si es una persona emocionalmente estable, si tiene conflictos emocionales y los efectos que pueden tener en la relación. Son sabios los novios que investigan y observan qué conexión emocional tienen con sus padres. ¿Los respeta, los odia, los ama, los admira, los rechaza?

Llegar a la profundidad emocional en nuestra relación demanda sabiduría. Debemos observar cómo actúa y cómo reacciona la persona. Debemos ver cómo responde emocionalmente a las situaciones fáciles y difíciles que enfrenta en la vida. Debemos examinar si batalla con su orgullo o es una persona humilde, si le gusta servir y cooperar o es alguien egoísta que cree que la vida debe girar en torno a ella. Debes evaluar si respeta, si expresa sus sentimientos con libertad, honestidad y tacto o dice lo que piensa y muestra sus sentimientos sin importarle el daño que pueda causar en ese momento.

Investigar la vida emocional de la persona que intentamos conocer nos permitirá observar si tiene conflictos con los demás, si se llena de resentimiento con facilidad o si vive en un mundo de amargura. Una evaluación sabia permitirá que conozcas si ama o rechaza el perdón. Si sabe confrontar un problema basado en normas y convicciones o sólo ataca, desprecia, amenaza y se aleja motivado por las emociones.

Este conocimiento emocional profundo te permitirá determinar si sabe perdonar o se resiente con facilidad y perdonar no es una de sus virtudes. Recuerda que no serás afectado por la falta de perdón que tu novia manifiesta en el presente y con otras personas, pero esa debilidad de carácter sí te afectará en el futuro, cuando movido por la misma actitud rechace otorgarte o pedirte perdón a ti.

El noviazgo demanda que nos conozcamos bien emocionalmente pues esas emociones jugarán un papel radical en la relación matrimonial. Debes ver cómo actúa ante las presiones y cómo lidia con sus emociones. Determina si sabe manejar su enojo, si se enoja con facilidad y tiende a vivir enojado(a). Observa si maltrata a sus padres cuando le corrigen o si discute sin sabiduría con personas que tiene diferencias. Observa si maltrata a otros conductores cuando va conduciendo o al taxista que les va transportando por cometer algún error y observa cómo reacciona cuando le confrontas por algún error cometido. Observa con mucho cuidado cómo trata la presión de otros y confronta los problemas que tiene contigo. Recuerda que en el futuro puede estar casada o casado contigo y la boda no cambiará su carácter inadecuado.

Nota la progresión que existe en este proceso de cumplir uno de los importantes propósitos del noviazgo; es decir, conocer integralmente a la persona con quien existe la posibilidad de casarse. Comencé aconsejando que se conozcan físicamente en una medida saludable, luego emocionalmente lo más profundo que puedan y luego viene el importante paso de conocerse espiritualmente.

En lo espiritual los novios deben conocerse entrañablemente.

La tercera tarea de los novios que desean cumplir el propósito de Dios para el noviazgo es conocerse entrañablemente en lo espiritual. Esta es la parte más relevante de tu conocimiento en la relación de noviazgo, pues la vida espiritual es la que muestra cuán importante es Dios para ustedes.

No existe una persona más confiable que la que tiene una relación espiritual madura con su Creador. Esa persona que tiene pasión por Dios y desea ser un buen discípulo de Jesucristo tendrá pasión por sus mandatos y enseñanzas. Los valores del reino pasan a ser parte de tu sistema de pensamiento y por lo tanto comienzan a moldear tu conducta. Si alguien ama a Dios y tiene pasión por Él y sus mandamientos y quiere vivir una vida cristiana saludable, no sólo comete un serio error al elegir a otro que no tiene interés en Dios ni sus mandamientos, sino que además actúa en desobediencia al mandato divino de no unirse en yugo desigual con los no creyentes. Inevitablemente recibirá las consecuencias de la disciplina divina.

Recuerda que la vida espiritual dictamina los valores del individuo. La vida espiritual saludable te permite vivir una vida saludable y las personas con vidas espirituales que agradan a Dios tienen noviazgos que edifican sus vidas mutuamente. El noviazgo que proyecta la filosofía mundanal proclama: «Tú me atraes tanto que quiero que nos conozcamos y sigamos deseándonos y teniendo cada vez más cercanía física y emocional». El noviazgo con propósito que depende de la revelación bíblica proclama: «Siento atracción hacia ti y quiero acercarme a ti para ser una fuente de bendición y ayuda. Deseo conocerte físicamente lo mínimo, emocionalmente mucho y más aun espiritualmente».

Segundo propósito: *Acompañarse respetuosa y mutuamente.*

La relación de noviazgo conforme al propósito de Dios está diseñada para que dos personas que se aman y desean apoyarse mutuamente también disfruten de compañía mutua respetuosa y saludable.

Es bueno tener cercanía y apoyarse mutuamente mientras caminamos por la vida en la búsqueda de cumplir el propósito de Dios. Todos los seres humanos tenemos necesidad de compartir con personas afines. Es lindo compartir la vida, hablar de diferentes temas, participar de actividades en compañía de alguien que amamos.

Todos tenemos necesidad de desarrollar relaciones interpersonales fuera de la familia. Es importante que aprendamos a relacionarnos bien y seamos bendición para otras personas y que otros tengan comunión y amistad con nosotros, pero en forma natural no nos relacionamos saludablemente ni bajo el orden divino. Tenemos que aprender cómo hacerlo, y debemos determinar practicarlo. No sólo debemos aprender a relacionarnos con la familia sino también con otras personas fuera de nuestro círculo familiar. Esas relaciones también son clave para suplir nuestra necesidad de amar y ser amados.

Cuando nos enfocamos en las pasiones sexuales y en la parte física de la relación, tendemos a ignorar el nexo de amistad que es esencial para tener un noviazgo con propósito. Un noviazgo sin amistad es superficial y está enfocado exclusivamente en lo que excita sexualmente en vez de lo que edifica la relación.

Es precisamente la amistad la que nos permite tener relaciones cercanas y amistosas. No debemos confundir el amor con besos, caricias y excitación pues quienes lo definen así creen que este se acaba cuando las emociones fuertes se terminan.

Tercer propósito: Cooperar con iniciativa y mutuamente.

Dos personas que se aman deben demostrar en forma práctica su amor. El noviazgo brinda la posibilidad de hacer algo para ayudar a la persona amada y demostrar nuestra actitud de siervo que es clave para el buen funcionamiento de la vida conyugal.

Es sorprendente y estimulante ver a un novio o novia que toma la iniciativa para cooperar. La iniciativa da la oportunidad de demostrar el deseo de servir, el ingenio, el talento, la capacidad, la diligencia y la buena actitud de una persona. Nada más impresionante que esas virtudes cuando se trata de decidir si casarse o no con esa persona.

La cooperación mutua en el noviazgo nos brinda una extraordinaria oportunidad para aprender a dar y recibir en una relación. Tristemente, por no entender los propósitos divinos, los jóvenes se relacionan con motivaciones incorrectas y en vez de formar una alianza que beneficie a ambos en su desarrollo integral, generalmente buscan a alguien que supla sus necesidades, en algunos casos de compañía y en otros de necesidades sexuales.

Quienes intentan tener un noviazgo enfocado en la sexualidad, no sólo se salen del propósito divino, sino que pierden el enfoque en la cooperación mutua que debe existir. Es erróneo no buscar a alguien a quien poder amar y ayudarle en sus necesidades, sino buscarle para que supla sus necesidades. Quienes buscan ser amados, que les sirvan, que los atiendan, que los comprendan, que los escuchen, generalmente sólo buscan recibir en vez de compartir. No han aprendido a desarrollar la ayuda mutua y sin entender ese concepto y practicar esa virtud, cuando lleguen a la relación conyugal, no sabrán cómo apoyar a su cónyuge en asuntos prácticos. No están dentro del propósito de Dios para el noviazgo y el matrimonio quienes determinan relacionarse para obtener algo, más que para servir con amor, para amar y alegrarse en ser amados, para dar y recibir, para respetar y ser respetados.

Colaboración en tareas necesarias.

Los novios tienen la oportunidad de colaborar en tareas relacionadas con los estudios. Nada mejor que estudiar juntos, ayudarse en la investigación y cumplimiento de tareas. Pueden ayudarse en las labores domésticas. Los padres se sienten no sólo animados sino felices cuando ven que sus hijos dedican tiempo para ayudar en el hogar, especialmente cuando se dan cuenta de que los novios comparten actividades y se apoyan.

Es precisamente cuando se tienen que realizar actividades o tareas que demandan la participación en equipo de los novios, donde uno puede darse cuenta de la buena o mala actitud que uno o ambos pueden tener. Si al involucrarse en tareas, alguno toma una actitud muy cómoda, le gusta ser servido o se va al extremo de exigir y demandar al punto del autoritarismo o la dominación, esos ejemplos demuestran lo que hay en el corazón y que si salió en esta actividad o tarea, también se repetirá y aun con más fuerza cuando esa persona llegue al matrimonio.

Asistencia en tiempos de necesidad.

Todo ser humano, independientemente de su edad, pasará por situaciones difíciles en las que necesita apoyo y asistencia. Mientras los novios se van relacionando, se van dando cuenta de las necesidades espirituales, físicas y emocionales que uno de ellos puede tener. Nunca te arrepentirás de ayudar a suplir necesidades, nunca quedarás decepcionado cuando en vez de buscar ser servido, sirves y cuando por amor te conviertes en un instrumento de gracia y misericordia. Tener un amigo que conoce tus conflictos y que no te critica, sino que te anima con ternura, te apoya con responsabilidad y te exhorta con autoridad y amor cuando estás equivocado, es gran ganancia.

Esta práctica de apoyarse en tiempos de necesidad se irá haciendo parte de la relación y si llega a romperse, quedará el hermoso recuerdo de haber cumplido una labor cristiana muy positiva. Si la relación continúa, esa práctica permanente preparará a los novios para la vida matrimonial.

Apoyo en tiempos de conflictos.

Los conflictos son parte de la vida, toda persona los enfrenta y toda relación los experimenta. Los novios que desean cumplir el propósito de Dios para esta relación deben convertirse en refugio en tiempos de tormenta.

Es erróneo huir de los problemas o tratar de ignorarlos. Más bien deben ser tomados como una gran oportunidad para aprender a vivir con las diferencias y a lidiar con personas que piensan y opinan diferente.

La tendencia general es ocultar las áreas discordantes y tratar de lidiar con los conflictos muy superficialmente para no poner en peligro la relación, pero es un error que los novios no se muestren tal como son y que aprovechen la temporada de noviazgo para aprender a enfrentar los conflictos y para que aprendan a apoyarse mutuamente y con empatía cuando ambos enfrenten un conflicto.

Quienes verdaderamente aman a Dios rechazan la idea de tener una relación superficial o infatuada. Necesitamos tener nexos saludables y bajo normas y principios distintos. Por eso Pablo aconseja a Timoteo que huya de las pasiones juveniles y busque la justicia, la fe, el amor y la paz con todos los que de corazón limpio invocan a Dios (2 Timoteo 2.22). La orden es buscar hermanos y hermanas de la misma fe y con la misma pasión por Dios para compartir este camino por la vida. Es que la amistad cristiana tiene como meta la gloria de Dios, no la satisfacción de las pasiones. Nos necesitamos entre los humanos y el noviazgo con propósito es una herramienta extraordinaria para apoyarnos en tiempos de conflictos, disfrutar de nuestras virtudes, exhortarnos para corregir nuestros defectos, orar juntos, estudiar la Palabra buscando orientación y luchar por tener una relación sana.

6

ACCIONES INEVITABLES
PARA CUMPLIR EL
PROPÓSITO DIVINO

El lema de mi ministerio de ayuda a la familia *De Regreso al Hogar* es «Pasión por Dios y compasión por la familia». Eso es exactamente lo que he intentado comunicar. Este libro nace en el corazón de quien ama a Dios, tiene pasión por su soberanía y voluntad, y está convencido de que es imposible vivir realizado mientras rechazamos la voluntad divina y voluntariamente elegimos vivir fuera de su propósito. También en este libro he querido mostrar mi profundo amor por ti. Soy consejero y he escuchado cientos de testimonios de esposos y esposas que sufren porque nadie les instruyó durante la época de noviazgo y otros que pese a la poca instrucción o la pequeña comprensión de la voluntad divina para el noviazgo, decidieron vivir pecaminosamente.

Anhelo que evites no sólo el dolor de vivir en un noviazgo destructivo y tormentoso, sino también el peligro de casarte sin seguir las instrucciones divinas y como consecuencia, vivir por muchos años o toda la vida en una relación matrimonial dolorosa.

No se puede cumplir el propósito de Dios para la relación de noviazgo sin mantener la pureza. Hacerlo implica un trabajo difícil, no sólo para los solteros, sino también para los casados. Así como es fácil para los solteros entrar en relaciones sexuales prematrimoniales y vivir en impureza, es para los casados caer en la infidelidad.

Debido a que el noviazgo es una relación amorosa integral, basada en los principios divinos, y que se da entre un hombre y una mujer, en la etapa previa a la vida matrimonial, y con el propósito de determinar si se unirán o no en una relación conyugal, existen determinaciones muy claras y específicas que se deben tomar. Por ejemplo:

Asegúrate que ambos comprenden la voluntad de Dios para el noviazgo.

Ninguna persona puede cumplir las ordenanzas divinas sin conocerlas. Esta es una tarea importante e imprescindible. Conocer lo que Dios acepta o rechaza, lo que bendice o disciplina es clave para tener un noviazgo de éxito. Noviazgo de éxito no es aquel en que los novios nunca cometen errores. Es saber solucionarlos y aprender de ellos. No es aquel en que los novios mantienen una relación sin conflictos, sino saber manejarlos con sabiduría. Noviazgo de éxito no es aquel en que la relación termina en el matrimonio, sino aquel en que los novios, después de una seria investigación y sujeción a la revelación de las Escrituras, determinan que su relación debe o no terminar en boda. Noviazgo de éxito no es aquel en que su novia o novio cumple la voluntad de Dios y vive con la más alta moralidad, sino la relación en que cumpliste la voluntad de Dios e hiciste lo correcto aunque la otra persona determine no seguir las reglas bíblicas de un noviazgo conforme al corazón de Dios.

Es mi deseo que entiendas la voluntad de Dios y hagas todo esfuerzo por cumplirla pues serás el mayor beneficiado. Es cierto que no podemos entender todos los detalles de la voluntad divina, es verdad que Dios no nos dejó instrucciones específicas para cada situación. Tú y yo tenemos que tomar decisiones, pero Dios sí nos ha dejado suficientes principios y preceptos para que aprendamos a decidir correctamente.

La voluntad específica de Dios para nuestra vida es maravillosa y está llena de planes y propósitos. La voluntad divina para su vida fue diseñada sabiamente y es la estructura que nos permite caminar por el camino señalado. Esta estructura nos impone reglas, leyes, formas y aun actitudes que nos conducen a cumplir su voluntad.

Dios utiliza diferentes guías que nos orientan y motivan a cumplir su propósito. Estas guías son como señales en el camino que nos van indicando la dirección que debemos seguir:

La dependencia de la oración. Acostumbro decir en mis conferencias sobre la oración que cuando oramos Dios no aprende nada. Los que realmente aprendemos somos nosotros. La oración no es una herramienta para informarle a Dios nuestras inquietudes y necesidades. Después de todo, Él lo sabe todo. Dios nunca se sorprende de lo que le decimos pues conoce cada detalle de nuestra vida. Él sabe que estás enamorado(a), o buscando novio(a) o que planificas casarse. Cuando oramos no cambiamos los planes de Dios, más bien la oración nos permite tener comunión espiritual con Dios y descubrir los planes de Él para nosotros.

Los jóvenes, especialmente los que están preparándose para la vida matrimonial, deben aprender a incluir a Dios en sus planes y la oración es un medio dejado por Él para que entendamos su voluntad y comprendamos más de los planes divinos para nuestras vidas. Cuando nos falta sabiduría, la Biblia nos manda que la demandemos y nos promete que Dios contestará nuestra oración. El apóstol Santiago dice: «Pero si alguno de vosotros se ve falto de sabiduría, que la pida a Dios, el cual da a todos abundantemente y sin reproche le será dada» (1.5).

Ora en forma independiente y pide a Dios que te guíe y te dé un sabio discernimiento. Oren juntos buscando que Dios les confirme las multiformes maneras que tiene. Quienes son cristianos nunca deberían tomar decisiones tan importantes y transcendentales sin pasar temporadas de oración y búsqueda de la guía divina.

La guía del Espíritu Santo. La Biblia dice que el Espíritu Santo nos guía a toda verdad y justicia. Nos motiva a amar a Dios y a servirle con dedicación. Nos ilumina para que entendamos la revelación bíblica que de otra manera no podríamos comprender. No se puede tener un noviazgo conforme al propósito divino si no busca la dirección del Espíritu Santo en oración.

La revelación de la Palabra inerrante. En uno de mis capítulos explico con detalle cuán importante es la Palabra de Dios, especialmente cuando vas a decidir cómo tener un noviazgo o matrimonio conforme al propósito divino.

La Biblia está llena de enseñanzas, exhortaciones y mandamientos que nos permiten conocer lo que Dios ama, lo que odia, lo que acepta, lo que rechaza, lo que permite, lo que no permite, lo que anima y lo que disciplina. No puede tener un noviazgo conforme al propósito de Dios quien no determina que limitará sus actitudes, acciones y palabras a lo que la Biblia permite.

Busquen la supervisión sabia de personas con autoridad.

Es obvio que un joven y una señorita que nunca han estado casados ni han pasado por la experiencia de la preparación prematrimonial no sean expertos y necesiten sabia supervisión.

La relación con los padres. Es deber de los padres supervisar las relaciones de sus hijos, y es deber de sus hijos compartir con sus padres cuáles son sus relaciones. Los noviazgos a escondidas son el terreno propicio para el acercamiento en el pecado. Los hijos que desean tener un noviazgo con propósito no deben ignorar el consejo de los padres sabios. El consejo sabio de los padres es muy importante y entiendo que no todos los padres son sabios ni todos entienden bien el propósito de Dios ni actúan conforme a él. Sé que el noviazgo de los hijos puede producir reacciones infantiles y aun agresivas de los padres no sabios y por ello, algunos hijos prefieren no involucrar a sus padres sino hasta que su relación está bien avanzada. Es cierto que los padres también nos equivocamos, pero algo de sabiduría hay en los consejos que entregamos y lo que los novios deben determinar es si están dando todos los pasos necesarios que certifiquen que tienen una relación de noviazgo conforme al propósito de Dios y no si la reacción de sus padres es conforme al propósito divino. Los padres pueden enojarse, maltratar, rechazar al novio o la novia sin razón, pueden tomar una actitud totalmente negativa y es duro enfrentarlo como triste vivirlo. Pero esas reacciones no bíblicas no deben ser el fundamento para que los novios ignoren los principios divinos en su acción o reacción.

La sabia o necia posición de los padres no debe ser utilizada como el trampolín para acciones o reacciones erróneas. La errada actitud de otros es el más grande desafío para nuestra sabia actitud. Dios bendecirá la vida del novio o la novia que intente conocer y determine vivir conforme al propósito de Dios para el noviazgo, independientemente de que su novia o novio, sus padres o la sociedad, le presionen para hacer lo correcto o se opongan a sus determinaciones sabias.

Tienen un noviazgo con propósito y conforme al corazón de Dios, los que se aseguran que tienen el fundamento bíblico, que están actuando dentro de los principios de más alto respeto y moralidad y que tienen una reacción bíblica y sabia, aunque tengan severa oposición.

Comprométanse ambos a practicar la abstinencia sexual.

La abstinencia sexual previa al matrimonio es una de las elecciones más difíciles que puede realizar un ser humano. Sin embargo, si Dios estableció que sus hijos la practiquen, no solamente es porque es bueno y es su plan, sino porque hay consecuencias negativas cuando hacemos lo contrario. Es imposible que el joven y la señorita disfruten beneficiosamente de su sexualidad sin someterse a los más altos principios de moralidad.

Defino la abstinencia como la acción de elegir voluntariamente no involucrarse en actividad sexual no permitida por los valores morales establecidos en la Palabra de Dios. Los novios deben acordar y elegir la pureza en su vida sexual. Deben elegir y determinar no involucrarse en actividad sexual mientras no se casen.

❖ ❖ ❖

Es imposible que el joven y la señorita disfruten beneficiosamente de su sexualidad sin someterse a los más altos principios de moralidad, pues no pueden vivir en santidad sin elegir someterse a la Biblia y su maravillosa verdad.

Defino actividad sexual como todos los besos apasionados que estimulan y excitan. Todas las caricias persistentes en cualquier zona que produzca un estímulo sexual, especialmente el contacto genital con las manos, boca u órganos sexuales aunque no lleguen al coito. Y por supuesto, la abstinencia es la determinación

❖ ❖ ❖

voluntaria y por amor a Dios, de evitar tener relaciones sexuales fuera del orden, de la forma, del tiempo y en acuerdo a las normas que Dios ha establecido.

Abstinencia no significa que el sexo es malo, sino que es tan bueno que debemos guardarlo, protegerlo y preservarlo para disfrutarlo de acuerdo al diseño divino.

Proverbios 4.23 dice: «Sobre toda cosa guardada, guarda tu corazón porque de él mana la vida». Nuestro corazón se mueve por las pasiones. Al corazón no le gusta que los principios que están en la mente le impongan restricción a sus impulsos. El corazón es como un león hambriento que se satisface de pasiones. Hay que tenerlo bajo control y hay que alimentarlo de la forma, con la comida y en el tiempo apropiados. El corazón busca el momento para saciar sus pasiones. El llamado de la Palabra de Dios es «protégete a ti mismo de la pecaminosidad de tu corazón. Mantén a tu corazón en la mira, guárdalo bien pues te puede hacer daño si no está bajo control». La Biblia nos enseña que el corazón es más engañoso que todas las cosas y nos dice que es difícil entenderlo (Jeremías 17.9). El mundo te dirá que sigas los dictados de tu corazón, pero la Biblia te dice que no lo hagas pues te puede hacer sentir muy bien cuando lo estás haciendo muy mal.

No sigas los dictados de tu corazón pues pueden llevarte a disfrutar de la excitación. Cuando los jóvenes se están abrazando y besando apasionadamente, aumenta la intensidad de los besos y los abrazos por lo que es imposible que estén pensando en el Pato Donald, en la Biblia, en su adoración a Dios o en una canción cristiana. Cuando un muchacho y una muchacha son abrumados por caricias que recorren la cara, la cabeza, los brazos, es casi imposible que no intenten tocar los senos o los órganos genitales. Cuando todo esto ocurre es imposible que piensen en otra cosa que no sea sexo. Ese encuentro estimulante les lleva a un estado de excitación que va aumentando la pasión, hasta que llega un momento en que es prácticamente incontrolable por la persona. Por eso ocurren las violaciones, por eso se cae en la fornicación, por eso llegan los embarazos no deseados y se cae en la pornografía. Las pasiones son estimulantes, crecientes, cautivantes y esclavizantes, por ello, estoy convencido que un noviazgo conforme al deseo de Dios no debe incluir ninguna acción que estimule las pasiones y motive la excitación.

El mundo te dirá que sigas los dictados de tu corazón, pero la Biblia te dice que no lo hagas pues tu corazón te puede hacer sentir muy bien cuando lo estás haciendo muy mal y te puede hacer sentir que estás gozando cuando estás pecando.

Decide buscar la dirección de líderes competentes. Existen muchos líderes que aman a Dios, que pueden darte una dirección precisa y competente, basada en la Palabra, pero aun esa elección no siempre es

fácil. No todos los pastores y líderes son sabios y aunque los hay sinceros, no todos han sido entrenados para dar consejos verdaderamente
bíblicos y prácticos.

La Biblia ordena a los miembros de la familia de Dios que se suje-
ten a sus pastores y a los pastores que se sujetan a la Palabra de Dios.
La Biblia también enseña que los pastores, maestros y otros ministros
han sido puestos por Dios para perfeccionar a los santos, por lo tanto
deben estar preparados para perfeccionar. Así como la labor de un
escultor es esculpir una imagen y debe tener la capacidad de hacerlo,
igualmente los líderes tenemos la responsabilidad de esculpir en los
miembros de la familia de Dios la imagen de Cristo. Para hacerlo, debemos conocer muy bien las Escrituras, la relación de noviazgo y el matrimonio para así tener la capacidad de cumplir nuestra labor con excelencia. Quienes van a tomar decisiones tan importantes como con
quien casarse, y si realmente quieren tener una relación al estilo divino,
deben permitir la supervisión de personas con autoridad. Ningún joven
o chica cristiana debe pensar: Ando a escondidas para evitarme problemas, que nadie sepa porque este es un asunto privado, que nadie me
supervise porque yo sé cómo tomar decisiones solo(a), es mi vida y son
mis decisiones y creo que estoy preparado para elegir bien.

Escoge con discernimiento los valores que regirán tu relación.

Es importante que hablen acerca de lo que cada uno cree. Recuerden
que los valores son el fundamento de su carácter. A medida que una persona va madurando y desarrollando sus valores y estándares de vida, el
asunto de la integridad personal adquiere una importancia radical.

Los valores de una persona son los parámetros por medio de los
cuales podemos medir nuestra integridad, la honestidad, la dignidad, el
respeto y todas las virtudes que son necesarias para ser un hombre o
mujer de bien, de esos que buscas como cónyuge. Para evaluar la vida
de una persona necesitamos tener parámetros, medidas exactas y claras
que nos permitan determinar si es o no la persona con quien queremos
compartir toda nuestra existencia. Pero esa evaluación no debe venir de
nuestra emoción conmovida, o de nuestra pasión alterada, ni de nuestra forma de pensar interesada, sino de la Palabra de Dios que debe ser
nuestra única regla de fe y conducta.

Necesitamos valores basados en el Creador de la vida, que nos permitan determinar si nuestro noviazgo es bueno o pecaminoso. Si queremos determinar lo que es pecado y lo que no es, nos convertimos en los creadores de nuestras propias leyes y comenzamos a vivir de acuerdo a nuestras ideas, sentimientos y emociones. Por lo tanto, nos convertimos en individuos con una mentalidad y filosofía de vida relativa basada en ideas del mundo.

Cuando no hemos fijado reglas morales bíblicas y basadas en las ideas de nuestro Creador, es imposible realizar un juicio objetivo de nuestra vida y mucho menos de otra persona. Sin valores bíblicos es imposible tener un noviazgo conforme al propósito divino.

Debes familiarizarte con las convicciones que cada uno tiene. Recuerda que vienen de diferente familia, que han tenido distinta formación y por lo tanto, tienen diferente forma de ordenar y vivir su vida. Conversen con sinceridad sobre las convicciones personales. Cada persona actuará conforme a sus valores y es esencial que conozcas sobre qué fundamenta sus decisiones la persona con quien bien puedes pasar toda tu vida.

Hablen sinceramente acerca de los más importantes temas que son parte de una relación que camina hacia el matrimonio. Hablen acerca de lo que piensan sobre Dios, la Biblia, la vida de iglesia, los líderes, los valores. Determinen qué piensan de la integridad, la honradez, la honestidad, la fidelidad, la confianza, etc. Conozcan que piensa tu pareja de las relaciones sexuales prematrimoniales, la pureza sexual, el aborto, la fidelidad y todo tema que sea relevante a la etapa de vida y el futuro como pareja.

Los jóvenes y señoritas que desean cumplir el propósito de Dios deben huir de todo lo que conduzca a exacerbar las pasiones. Las pasiones han sido puestas por Dios y deben estar bajo control, pero un joven y una señorita sin experiencia y sin alcanzar madurez no tienen el dominio propio que se necesita para mantener las excitaciones bajo control.

CONCLUSIÓN

UN MENSAJE SINCERO
DE UN CONSEJERO
BÍBLICO QUE TE AMA

«La Palabra de Dios no nos entrega mensajes, no nos cuenta historias,
no nos entrega principios, exhortaciones, testimonios y mandamientos
para nuestro entretenimiento, sino para que apliquemos esas
enseñanzas a nuestras vidas, vivamos en paz y evitemos
la destrucción y mucho sufrimiento».

El noviazgo conforme al propósito divino es la etapa previa al matrimonio más saludable que puede vivir un ser humano. Quienes siguen el consejo divino no siempre obtienen un excelente cónyuge, pues no existe un método perfecto para conseguir marido o esposa. Aun cuando alguien determine dar todos los pasos que demuestren su obediencia a Dios puede terminar recibiendo un cónyuge conflictivo y tan rebelde que su relación puede terminar en el divorcio.

Cuando expliqué esta verdad en una conferencia, algunos jóvenes preguntaron: «Entonces, ¿para qué hacerse problemas y tener tanto cuidado?» La respuesta es sencilla. Porque la paz de un individuo y su realización no se obtiene al conseguir una persona sabia, respetuosa, apasionada por Dios y obediente a sus mandatos. La paz que se necesita para vivir en paz y con realización depende de cuán sabio, respetuoso, apasionado por Dios y obediente a sus mandatos es uno.

Entiende bien esta declaración. Puedes ser un novio o una novia conforme al propósito de Dios aunque tu novio o novia determine no serlo. La bendición divina no la recibes después que Dios determina si tus palabras, actitudes y acciones produjeron el fruto que esperas para la vida conyugal. Recibes la bendición divina si en tu relación utilizaste las palabras adecuadas, tuviste la actitud debida y tu comportamiento fue el ordenado, independientemente de si tu novio o novia decidió vivir en obediencia o rebelión.

En algunas ocasiones he sido consultado respecto a si deben los adolescentes tener una relación de noviazgo. La respuesta bíblica es clara. Por supuesto que no. Los adolescentes no están preparados para casarse, no establecen relaciones que van camino al matrimonio; es decir, no hay intención de un noviazgo con propósito divino. Por lo tanto, no deben tenerlo.

Estoy convencido de que en esa etapa de cambio y de necesidad de establecer relaciones con alguien del sexo opuesto deben tener lazos interpersonales saludables. Pueden tener una relación de amistad cercana, bíblica, profunda y con el más alto respeto. Pueden tener una relación de acercamiento para desarrollar su capacidad de interactuar con alguien del sexo opuesto. Deben tener relaciones supervisadas por sus padres y nunca a escondidas. Deben relacionarse para conocerse, para respetarse, para animarse más a servir a Dios. Deben tener un tipo de relación tan saludable que esa amistad sincera y sabia les motive a amar más a sus padres, les incite a ser un mejor estudiante y a apoyarse mutuamente en tareas y necesidades. En esas relaciones de amistad cercana se puede practicar un deporte, pasear juntos y determinar vivir vidas que honren a Dios. Ese tipo de relación es saludable y creo que no rompe los principios bíblicos. Un adolescente sí puede tener una amistad así, pues no encuentro ningún apoyo bíblico para impedir que tenga amistades que le ayuden en su desarrollo, amistades que lo hacen grandioso, amistades cercanas que le ayuden a ser una mejor persona y que le amen bajo los principios divinos, tal como tú debes amar.

Estoy convencido de que Dios anima una relación entre jóvenes que todavía no piensan en el matrimonio. Sin embargo, esta no debe

involucrar ningún acercamiento excitante y estimulante de las relaciones sexuales. Cuando te digo que no involucre sexo, no me refiero a la
definición interesada que hizo el presidente Bill Clinton, que negó
haber tenido relaciones sexuales con su amante Mónica Lewinsky pues
según su definición, relaciones sexuales son sólo las coitales. Para él, el
sexo oral que tuvo con Mónica en la Casa Blanca no era sexo. Pero Dios
y su Palabra dicen algo totalmente diferente. Los besos en la boca, las
caricias persistentes, las caricias rápidas en órganos genitales, los senos
y otras zonas estimulantes no deben ser parte de una relación de amistad entre un adolescente o un joven y una señorita que no van camino
al matrimonio. El noviazgo es una relación entre personas que comienzan su proceso de selección hacia la relación conyugal. Si ese noviazgo
se mantiene dentro de los principios de pureza y, después de un tiempo de conocerse espiritual, emocional y físicamente, se dan cuenta que
no deben continuar con la relación, no produce ningún daño ni han
cometido pecado. Si se dan cuenta que deben seguir la relación, la con-
tinúan bajo los mismos términos. Como he explicado, no necesariamente deben casarse con la primera persona que están en proceso de
conocer, sino deben descartar todas las que no se ajusten al propósito
de Dios para el matrimonio. No deben involucrarse en un conocimiento emocional distorsionado que dañe las emociones ni en conocimiento físico profundo que excite las pasiones. Pero a los adolescentes y
quienes no tienen intención de casarse, la Palabra de Dios no les da la
libertad para entrar en un proceso de ilusión cuando casarse no es la
intención. La Biblia les permite tener una relación de amistad cercana
que no incluye nada que les introduzca en un mundo de ilusión tan
apasionante que cualquier rompimiento le produzca recuerdos traumá-
ticos y decepcionantes.

Los jóvenes adolescentes o adultos que deseen tener una relación
que contribuya a su bien, que les ayude a aprender a amar y ser amado,
a respetar y ser respetado, si quieren tener una relación que va creciendo en esto, que le va animando más a Dios, a servir mejor en su congregación, si le va animando a ser una mejor chica o un mejor muchacho, si encuentras esa relación, querido, tenla. Sólo no incluyas sexo.
Evita toda la práctica sexual y lo que estimula y excita y puede llevarte

a las relaciones sexuales. Pero si le agregas caricias inapropiadas, besos atrevidos y contactos en las zonas genitales, entonces estás agregando una pasión que puede aumentar hasta convertirse en incontenible y sin echar a volar tu imaginación tengas excitación, erección y luego con tus cuerpos o en tu imaginación, es imposible que no cometas el pecado de fornicación.

Estoy convencido que la Palabra de Dios te ordena que no tengas relaciones con pasión sexual pues el mandato es que huyas de las pasiones juveniles. Si te disculpas diciendo que la mayoría lo hace, estoy de acuerdo que en la práctica eso es verdad. La mayoría de los jóvenes cristianos se involucran en relaciones apasionantes y sexuales desde la adolescencia. La mayoría comienza a vivir un mundo de ilusiones y decepciones que afectan sus emociones. Muchos en cada encuentro tienen acercamientos profundamente sexuales y practican las relaciones sexuales pero también, debido a ese error, la mayoría experimenta serios conflictos en sus relaciones matrimoniales.

Después de escuchar mis conferencias, hay jóvenes que me dicen: «Lo que usted enseña significa que no puedo tener novio o novia». Les respondo que claro que pueden tenerlo. La pregunta es: ¿Para qué quieres tener un noviazgo y por qué? ¿Cuál es tu propósito al querer relacionarte con un muchacho? ¿Cuál es tu intención al tener una relación? Si tu propósito es andar de la mano, dedicarse canciones, escribirse cartas, besarse, acariciarse, excitarse y arriesgarse a llegar a las relaciones sexuales prematrimoniales, entonces, no debe tener novia(o).

Chicas de catorce, quince y dieciséis años me han preguntado: «A mi edad, ¿puedo tener novio?» Mi primera respuesta es un rotundo «no». Claro que puede tener amigos, pero no novios ni citas románticas tal como el mundo las concibe y la mayoría de los jóvenes cristianos imita. Ante ese deseo, generalmente hago algunas preguntas como: ¿Cuál es el propósito que tienes en mente? ¿Cuál es la razón por la que quieres tener novio? ¿Deseas hacer lo que hacen los no cristianos? ¿Deseas ilusionarte y vivir un mundo de pasiones y luego que se terminen tus relaciones? ¿Deseas tener un noviazgo al estilo humano o quieres vivir conforme al propósito de Dios? La pregunta no es si es bueno o malo relacionarse, sino qué tipo de relación desean tener. Si una adolescente quiere una relación con alguien del sexo opuesto está sintiendo un deseo natural y carnal. Tal como se desea comer, y tal como se desea dormir, llega un momento en la vida cuando esos anhelos comienzan a aparecer. Pero si desea comer cuando le da la gana o lo que quiera, o dormir sin horarios y sin orden, por supuesto que es malo. Si deseas relacionarte con alguien del sexo opuesto, por supuesto que es bueno; pero si lo que quieres es tener citas amorosas, besos y caricias que te exciten, la respuesta bíblica es un rotundo «no».

Le pregunté a un grupo de jóvenes si estarían dispuestos a tener una relación con alguien del sexo opuesto para conocerse, para sentir aprecio y cariño, para ayudarse mutuamente, para amar a la persona integralmente, para no hacer nada indebido, nada inapropiado, ni espiritual, ni emocional ni físicamente. Les pregunté si tendrían una relación sin besos, sin abrazos sensuales, sin caricias estimulantes, y fueron lo suficientemente sinceros para decirme que eso no tenía gracia. Su respuesta fue que no tenían la intención de mantener relaciones sexuales, pero tampoco creían que era justo eliminar ese acercamiento que hace emocionante la relación. Pero que sin los ingredientes de pasión, la relación no era atractiva. Uno de ellos me dijo: «Dr. Hormachea, es que en la práctica uno no tiene una relación amorosa si no va más allá que los amigos. Entre amigos no se besan pero entre novios sí». Luego el muchacho agregó: «Cuando uno pasa tiempo con una chica y ella no quiere que la besen, la acaricien, entonces decimos que sólo quiere ser amiga, pero no tener una relación de amor. Cuando buscamos esa relación que incluye besos y caricias apasionadas y nos dicen que quieren conocernos pero sin besos y caricias, preferimos no establecer una relación». Lo que la mayoría piensa es que entonces no vale la pena tener novia. Y en esa respuesta uno comprende cuál es la intención y la costumbre en ese tipo de relación.

Algunos jóvenes piensan: «Si le quitamos a esos encuentros la pasión y las caricias, entonces para qué relacionarse. Una relación así no vale la pena». Por supuesto, no vale la pena para quien tiene en mente la lujuria y excitación que puede obtener en los encuentros pasionales. Entonces, esa es su meta. Pero los principios bíblicos nos muestran que vale la pena tener una relación saludable. Que eso es lo que Dios demanda de un joven que le ama, con una mente sana, con emociones limpias. Dios demanda pureza y dominio propio. Dios demanda que imitemos su amor, ese que nunca hace daño a la persona amada. Ese amor que no hace nada indebido, que no se basa en las pasiones humanas desordenadas, sino en las convicciones divinas ordenadas.

Algunas señoritas me han consultado: «¿Cuántos novios puedo tener?» Mi respuesta es: «De acuerdo a la definición de noviazgo del mundo, no debes tener ninguno». Si imitas el comportamiento del mundo o dejas que tu novio o novia actúe con mentalidad humana apasionada, serás afectada. Ese sistema lleva a ilusiones innecesarias, a juegos amorosos y estrategias emocionales que manipulan, que usan y que permiten jugar con las emociones. Si eres una chica cristiana, no debes permitir que nadie empiece a trabajar tu mente y emociones lentamente para llegar a usarla y luego abandonarla. No permitas que nadie se relacione contigo en esos términos no bíblicos.

Y si eres un joven, si te sientes atraído por una chica y quieres un noviazgo para pasar tiempo con ella, porque mientras más la conoces más aumenta tu pasión e ilusión; si quieres tener un noviazgo porque es emocionante y excitante, y sabes que no tendrás el dominio propio para evitar el mundo de excitación y vivirás en una relación de alta vulnerabilidad, entonces cometes un serio error en entablar ese tipo de nexo.

Una señorita me preguntó, después de escuchar una conferencia sobre noviazgo: «¿Cuántos novios puedo tener de acuerdo al estilo divino, de acuerdo a lo que usted ha enseñado?» Mi respuesta es que si la chica es sabia y amante de Dios, conocedora de las Escrituras y ha aprendido a establecer buenos límites, si está capacitada para que nadie juegue con sus emociones ni dispuesta a permitir ni participar de encuentros excitantes sexuales, entonces puede tener todas las amistades bíblicas que necesite para desarrollar su amistad y encuentre la persona que ame a Dios como ella y decida casarse.

Cuando alguien ama a Dios y ha determinado que no contaminará su vida con sexualidad fuera del propósito divino, ni jugará con las emociones, ni permitirá que nadie juegue con las suyas, puede conocer a muchas personas y desarrollar hermosas amistades. A esa persona que sabe protegerse y ha determinado obedecer a Dios, nadie puede producirle un daño emocional. A esa señorita que vive para honrar a Dios, ninguno le va a tocar su cuerpo para estimularse o estimularla. Ninguno podrá estimularla con astucia, ninguno podrá empujarla a tener relaciones sexuales. Puede tener todos los amigos que quieras para disfrutar de respeto, cariño, que te inciten a amar más a Dios, amar más a tus padres, y ser una persona más sabia y más responsable. Ten todas las amistades que quieras.

Pero si vas a permitir caricias, besos, abrazos apasionados y estimulación, la Palabra no te autoriza a tener a nadie. Si permites tener relaciones cercanas y con énfasis en encuentros estimulantes, además sin madurez y dominio propio para soportar, te van a usar y te vas a ilusionar. Vas a vivir infatuada y cuando la relación termine quedarás decepcionada. Recuerda que recién tienes quince, dieciséis o diecisiete años. Todavía no piensas en casarte. Sin embargo, cuando llegue el momento, si has pasado por cinco o nueve años de juego con tus emociones, y todos los novios en forma planificada o sin planificarlo se metieron en tus sentimientos profundos, te darás cuenta de que no valió la pena permitir que jugaran con tus emociones. Imagínate el dolor y el trauma que vive el joven que se imaginaba todo el mundo de felicidad que tendría en esa relación con la chica de sus sueños. Y ella lo emocionó, lo enamoro, le dijo cosas hermosas y luego poco a poco o súbitamente decidió dejarlo porque no quiere seguir o porque encontró a alguien mejor. Imagínate cómo va acumulando experiencias traumáticas la chica que le dijeron cuán hermosa, grandiosa y simpática era. Y luego que la convencieron, debido a que se negó a seguir los avances sexuales o porque pecaminosamente se metió en relaciones sexuales no matrimoniales, la abandonaron. Entonces, señorita de trece, catorce, dieciséis, dieciocho años, te quedas llorando, y sufres un mes, dos meses, quedas herida y pasan los días y no puedes olvidar. Ahora multiplica esas mismas heridas, y decepciones por cinco, ocho o diez chicas o chicos que pudiste tener en un lapso de algunos años. ¿Crees que está preparado para tener una relación conyugal saludable quien durante tanto tiempo ha desarrollado relaciones prematrimoniales enfermizas?

Tu relación con tu novio o novia y tus hábitos involucran todos los aspectos de tu ser. Involucran tu corazón, tu mente y tu espíritu. Dios nos creó como personas integradas y somos llamados por la Palabra de Dios a ser santos en toda nuestra manera de vivir, incluyendo los encuentros con la persona que decimos amar y con quien todavía no nos casamos o tal vez nunca nos vamos a casar.

Acerca del Autor

El doctor David Hormachea, de origen chileno, realizó sus estudios teológicos y en asesoramiento familiar en los Estados Unidos. Es presidente y conferenciante de la corporación de ayuda a la familia DE REGRESO AL HOGAR, por medio de la cual produce programas de radio y televisión, escribe libros y produce series audiovisuales, como EL SEXO: ¿CUERPOS O CORAZONES ÍNTIMOS? y otras.

También es productor de los programas VIVENCIAS Y UNO MÁS, que se escuchan en cientos de emisoras de radio en América Latina, España y los Estados Unidos. También produce el programa internacional de radio conocido como VISIÓN PARA VIVIR.

David dicta conferencias internacionales sobre temas relacionados con la familia. Ha sido autor de varios éxitos de librería, entre los cuales están Una puerta llamada divorcio y Cartas a mi amiga maltratada. Este último fue finalista al premio Gold Medallion (Medalla de Oro) que auspicia la Evangelical Christian Publishers Association (Asociación de Casas Publicadoras Evangélicas).

Puedes visitar nuestro web-site:
www.deregresoalhogar.org